海上絲綢之路基本文獻叢書

夷氛聞記（上）

〔清〕梁廷枏 編著

文物出版社

圖書在版編目（CIP）數據

夷氛聞記．上 /（清）梁廷枏編著．-- 北京 : 文物出版社，2022.7
（海上絲綢之路基本文獻叢書）
ISBN 978-7-5010-7674-1

Ⅰ．①夷… Ⅱ．①梁… Ⅲ．①廣州抗英戰役 Ⅳ．①K253.1

中國版本圖書館 CIP 數據核字（2022）第 097846 號

海上絲綢之路基本文獻叢書

夷氛聞記（上）

編　　著：〔清〕梁廷枏
策　　劃：盛世博閱（北京）文化有限責任公司

封面設計：鞏榮彪
責任編輯：劉永海
責任印製：蘇　林

出版發行：文物出版社
社　　址：北京市東城區東直門內北小街 2 號樓
郵　　編：100007
網　　址：http://www.wenwu.com
經　　銷：新華書店
印　　刷：北京旺都印務有限公司
開　　本：787mm×1092mm　1/16
印　　張：18
版　　次：2022 年 7 月第 1 版
印　　次：2022 年 7 月第 1 次印刷
書　　號：ISBN 978-7-5010-7674-1
定　　價：98.00 圓

總緒

海上絲綢之路，一般意義上是指從秦漢至鴉片戰争前中國與世界進行政治、經濟、文化交流的海上通道，主要分爲經由黄海、東海的海路最終抵達日本列島及朝鮮半島的東海航綫和以徐聞、合浦、廣州、泉州爲起點通往東南亞及印度洋地區的南海航綫。

在中國古代文獻中，最早、最詳細記載『海上絲綢之路』航綫的是東漢班固的《漢書·地理志》，詳細記載了西漢黄門譯長率領應募者入海『齎黄金雜繒而往』之事，書中所出現的地理記載與東南亞地區相關，并與實際的地理狀况基本相符。

東漢後，中國進入魏晋南北朝長達三百多年的分裂割據時期，絲路上的交往也走向低谷。這一時期的絲路交往，以法顯的西行最爲著名。法顯作爲從陸路西行到印度，再由海路回國的第一人，根據親身經歷所寫的《佛國記》（又稱《法顯傳》）一書，詳細介紹了古代中亞和印度、巴基斯坦、斯里蘭卡等地的歷史及風土人情，是瞭解和研究海陸絲綢之路的珍貴歷史資料。

隨着隋唐的統一，中國經濟重心的南移，中國與西方交通以海路爲主，海上絲綢之路進入大發展時期。廣州成爲唐朝最大的海外貿易中心，朝廷設立市舶司，專門管理海外貿易。唐代著名的地理學家賈耽（七三〇～八〇五年）的《皇華四達記》記載了從廣州通往阿拉伯地區的海上交通『廣州通夷道』，詳述了從廣州港出發，經越南、馬來半島、蘇門答臘半島至印度、錫蘭，直至波斯灣沿岸各國的航綫及沿途地區的方位、名稱、島礁、山川、民俗等。譯經大師義净西行求法，將沿途見聞寫成著作《大唐西域求法高僧傳》，詳細記載了海上絲綢之路的發展變化，是我們瞭解絲綢之路不可多得的第一手資料。

宋代的造船技術和航海技術顯著提高，指南針廣泛應用於航海，中國商船的遠航能力大大提升。北宋徐兢的《宣和奉使高麗圖經》詳細記述了船舶製造、海洋地理和往來航綫，是研究宋代海外交通史、中朝友好關係史、中朝經濟文化交流史的重要文獻。南宋趙汝適《諸蕃志》記載，南海有五十三個國家和地區與南宋通商貿易，形成了通往日本、高麗、東南亞、印度、波斯、阿拉伯等地的『海上絲綢之路』。宋代爲了加强商貿往來，於北宋神宗元豐三年（一〇八〇年）頒佈了中國歷史上第一部海洋貿易管理條例《廣州市舶條法》，并稱爲宋代貿易管理的制度範本。

元朝在經濟上採用重商主義政策，鼓勵海外貿易，中國與歐洲的聯繫與交往非常頻繁，其中馬可·波羅、伊本·白圖泰等歐洲旅行家來到中國，留下了大量的旅行記，記録元代海上絲綢之路的盛况。元代的汪大淵兩次出海，撰寫出《島夷志略》一書，記録了二百多個國名和地名，其中不少首次見於中國著録，涉及的地理範圍東至菲律賓群島，西至非洲。這些都反映了元朝時中西經濟文化交流的豐富内容。

明、清政府先後多次實施海禁政策，海上絲綢之路的貿易逐漸衰落。但是從明永樂三年至明宣德八年的二十八年裏，鄭和率船隊七下西洋，先後到達的國家多達三十多個，在進行經貿交流的同時，也極大地促進了中外文化的交流，這些都詳見於《西洋蕃國志》《星槎勝覽》《瀛涯勝覽》等典籍中。

關於海上絲綢之路的文獻記述，除上述官員、學者、求法或傳教高僧以及旅行者的著作外，自《漢書》之後，歷代正史大都列有《地理志》《四夷傳》《西域傳》《外國傳》《蠻夷傳》《屬國傳》等篇章，加上唐宋以來衆多的典制類文獻、地方史志文獻，集中反映了歷代王朝對於周邊部族、政權以及西方世界的認識，都是關於海上絲綢之路的原始史料性文獻。

海上絲綢之路概念的形成，經歷了一個演變的過程。十九世紀七十年代德國地理學家費迪南・馮・李希霍芬（Ferdinad Von Richthofen，一八三三～一九〇五），在其《中國：親身旅行和研究成果》第三卷中首次把輸出中國絲綢的東西陸路稱爲『絲綢之路』。有『歐洲漢學泰斗』之稱的法國漢學家沙畹（Édouard Chavannes，一八六五～一九一八），在其一九〇三年著作的《西突厥史料》中提出『絲路有海陸兩道』，藴涵了海上絲綢之路最初提法。迄今發現最早正式提出『海上絲綢之路』一詞的是日本考古學家三杉隆敏，他在一九六七年出版《中國瓷器之旅：探索海上的絲綢之路》中首次使用『海上絲綢之路』一詞；一九七九年三杉隆敏又出版了《海上絲綢之路》一書，其立意和出發點局限在東西方之間的陶瓷貿易與交流史。

二十世紀八十年代以來，在海外交通史研究中，『海上絲綢之路』一詞逐漸成爲中外學術界廣泛接受的概念。根據姚楠等人研究，饒宗頤先生是華人中最早提出『海上絲綢之路』的人，他的《海道之絲路與昆侖舶》正式提出『海上絲路』的稱謂。選堂先生評價海上絲綢之路是外交、貿易和文化交流作用的通道。此後，大陸學者馮蔚然在一九七八年編寫的《航運史話》中，使用『海上絲綢之路』一詞，這是迄今學界查到的中國大陸最早使用『海上絲綢之路』的人，更多地限於航海活動領域的考察。一九八〇年北京大學陳炎教授提出『海上絲綢之路』研究，并於一九八一年發表《略論海上絲綢之路》一文。他對海上絲綢之路的理解超越以往，且帶有濃厚的愛國主義思想。陳炎教授之後，從事研究海上絲綢之路的學者越來越多，尤其沿海港口城市向聯合國申請海上絲綢之路非物質文化遺產活動，將海上絲綢之路研究推向新高潮。另外，國家把建設『絲綢之路經濟帶』和『二十一世紀海上絲綢之路』作爲對外發展方針，將這一學術課題提升爲國家願景的高度，使海上絲綢之路形成超越學術進入政經層面的熱潮。

與海上絲綢之路學的萬千氣象相對應，海上絲綢之路文獻的整理工作仍顯滯後，遠遠跟不上突飛猛進的研究進展。二〇一八年厦門大學、中山大學等單位聯合發起『海上絲綢之路文獻集成』專案，尚在醞釀當中。我們不揣淺陋，深入調查，廣泛搜集，將有關海上絲綢之路的原始史料文獻和研究文獻，分爲風俗物産、雜史筆記、海防海事、典章檔案等六個類别，彙編成《海上絲綢之路歷史文化叢書》，於二〇二〇年影印出版。此輯面市以來，深受各大圖書館及相關研究者好評。爲讓更多的讀者親近古籍文獻，我們遴選出前編中的菁華，彙編成《海上絲綢之路基本文獻叢書》，以單行本影印出版，以饗讀者，以期爲讀者展現出一幅幅中外經濟文化交流的精美畫卷，爲海上絲綢之路的研究提供歷史借鑒，爲『二十一世紀海上絲綢之路』倡議構想的實踐做好歷史的詮釋和注脚，從而達到『以史爲鑒』『古爲今用』的目的。

凡例

一、本編注重史料的珍稀性，從《海上絲綢之路歷史文化叢書》中遴選出菁華，擬出版百册單行本。

二、本編所選之文獻，其編纂的年代下限至一九四九年。

三、本編排序無嚴格定式，所選之文獻篇幅以二百餘頁爲宜，以便讀者閱讀使用。

四、本編所選文獻，每種前皆注明版本、著者。

五、本編文獻皆爲影印，原始文本掃描之後經過修復處理，仍存原式，少數文獻由於原始底本欠佳，略有模糊之處，不影響閲讀使用。

六、本編原始底本非一時一地之出版物，原書裝幀、開本多有不同，本書彙編之後，統一爲十六開右翻本。

目録

夷氛聞記（上）

夷氛聞記（上）

卷一至卷三

（清）梁廷枏 編著

清光緒十一年刻本

夷氛聞記

夷氛聞記卷一

英夷狡焉思逞志於內地久矣大西洋葡萄亞即布路亞於前明乞得香山濠鏡澳以居曰澳門易中土物歸而懋遷於西海諸國諸國皆艷羨之

國朝康熙初因鄭成功寇閩上下及浙粵爲沿海郡縣患於是遷民內居築界牆嚴海禁洋船自此不得入設兵樹樁置墩守界惟澳夷地在界外生齒已繁不便就阡陌耕作舍貿易又無以資其生計乃於入

香縣隘道曰横石磯設爲關閘許買食内地米石計口而授月兩啓放内貨隨之得航出大黄茶葉如故轉緣禁海得獨專其利時英夷已據印度之孟阿臘海岸闢爲市埠肇設公司局循東南洋轉相販買自恨其市舶不能至粤羡澳夷益甚二十二年七月提督施琅蕩平臺灣海氛大靖又二年南洋開禁置江浙閩粤四海關江之雲臺山浙之寧波閩之厦門粤之黄埔並爲市地各設監督司榷政定海時尚未立

縣英船至則泊舟山迨新城定海監督張聖詔乃築
紅毛館城外使居焉其市粵則自雍正十二年始旣
乃厚集貲本爲公司稱公班衙掌以班酋司貿易粵
關官商吏役利其貨殖饒裕逐漸遞增其規費徵索
視浙關獨奢巡撫楊文乾清釐以歸諸官令關册所
稱歸公例是也未幾歸公者又積成正餉而舊私收
之規費未裁英商故狡獪心計析及銖錙孟阿臘土
嵛船之假英旗報以入者率愚贛輙受欺於吏役且

旹乾隆二十年英商華茵咪知浙關費視粤減也駛
舟定海求市當事請倍增其稅
諭以夷並市甯波日久又成一澳門民風土俗之有
關係者大是以更定其稅則視粤稍重俾洋商無所
利而不來意初不在增稅也二十四年其國商任洪
輝以市浙非便此後勢必就粤市揚帆直赴天津訐
粤關陋弊
欽使訊實監督得罪洪輝坐交結內商因澳門三載

始釋回國康輶紀行康熙間英吉利始來通市後數年不復來雍正七年後互市不絕初廣東碣石鎮總兵官陳昂奏言臣徧歷海外諸國皆奉正朔惟紅毛一種奸宄莫測其中有英圭黎諸國種族雖分聲氣則一請飭督撫關部諸臣設法防範乾隆七年十一月英吉利巡船遭風飄至澳門海面遣夷目至省城求濟廣東總督策楞令地方官給資修船隻先是其互市處所或於粵或於浙二十二年部議英吉利不准赴浙貿易於是皆收泊廣東每歲秋之交由虎門入土產則有大小絨嗶嘰羽紗紫檀火石及所製玻璃鏡時辰鐘表等物精巧絕倫二十四年方嚴絲觔出洋之禁兩廣總督李侍堯奏言近年英吉利夷商屢違禁令潛赴寧波今絲觔禁止出洋可抑外夷驕縱之氣惟本年絲觔已收請仍准運還奏入 報可是年英吉利夷商洪任輝妄控粵海關陋弊訊有徽商汪聖儀者與任輝交結擅領其

國大班銀一萬三百八十兩按交結外國互相買賣借貸財物例治罪二十七年英吉利夷商白蘭求照前通市例兩廣總督蘇昌奏准照東洋銅商搭配綢緞之例酌量配買每船准買土絲五千觔二蠶湖絲三千觔其頭蠶湖絲及綢綾緞疋仍禁止不得影射自是英吉利來廣互市每船如額配買歲以爲常其明年并准帶綢緞其年英商白蘭求仍通市出洋絲觔成疋者二千觔

船尋以限粤關規費復裁以歸諸公故事諸夷來粤售貨畢即乘風去以索逋留者必令移居澳門謂之住冬澳夷初緣市利裕習慣奢靡樓房櫛比土木華後既開海禁不獲終專厥利漸形貧弱歲恃諸國僑

寓徵租值自給其富者出貲就額定海艘二十有五載貨還澳例得自與客民交易稅徵買者（客入夷樓買貨下便單渡過關按貨投稅林制府以渡夫充自蜑民輸稅失體革之而別招澳商亦終不果召充）他夷則必令入虎門泊黃埔至即有丈船輸鈔之令自裁改歸公後積年而私費復增例禁在官所以制限諸夷者尺寸皆不容越英夷苦之益垂涎澳夷得安居內地又聞俄羅斯人之得入太學而羨之然當粵關開時已慮俄夷來船驟旺妨蒙古生業別開陸市於

車臣汗部之哈克圖不令至粵矣惟荷蘭以助剿臺灣首得通市特緣貲本未裕來船尙少佛蘭西之來雖遠自前明顧物產貨貲並絀其俗民不許茶食銷流內貨無幾故雖與歐塞特黑（即雙鷹）、普魯社（即單鷹）領墨（即黃旗）雪際（即璉國）綏沙蘭（即瑞國）等國皆歲以船至而不及英商遠甚米利堅雖源源而至而物粗船小獨英船易茶出分售西南洋國自以貨多稅重弁冕諸夷又方戰勝佛蘭西終不得有其地欲倚重

天朝將爲諸夷雄長每思所以得
天朝心莫輸誠入貢若恭遇
純廟八旬萬壽其王雅治遣使戛爾尼備方物先使
其大班牘呈總督請奏謂貢物頗貴重請免由粵道
入都於是貢舶逕泊天津
上嘉其嚮慕誠悃燕賚同賜視他國優厚事畢從容
出其王副表請留一人居京師理其貿易使臣復詣
內閣陳請欲改由寧波天津通市幷求給舟山小島

與附近廣東省城一小地段定居其來商廣州者自
城外下澳及貨由內河載運求竟免稅或酌減而少
之皆非貢使所宜妄干也
純皇帝念其化外無知不予深究但
諭以所請均屬窒礙難行而已使臣返復
頒勅以諭其王俾知所以不可行之故時貢冊先開
泊定海侍郎松筠護送陸行至浙代請免所市茶絲
稅且許由內河達粵恐其所求不遂或煽誘他國隨

令所過提鎮陳兵接護錄
勅宣示廣督俾存檔交代便他時考覈五十八年事
也六十年復備貢物由駐粵大班波朗呈總督代進
表文陳及助兵攻廓爾喀事益用兵廓夷時大將軍
聞其南界忽有兵事至是始悉其由嘉慶十年使臣
多林文入貢適海盜張保等猖獗英兵船四泊虎門
請代捕盜故又表稱有事喜歡効力語先是七年英
兵船六泊雞頸洋數月殆有窺伺澳門意因與佛夷

搆兵處佛人至直搗其隱爲所中傷妨市亦表及之十三年兵敗於越南富良江駛三船泊十字門登澳踞守諸臺既又續來船八兵目度路利越關私入公司館總督吳熊光知而曉之不聽則封艙禁其買辦凡四閱月乃颺去二十一年使臣羅爾靈馬禮遜仍由天津入貢尚書和世泰蘇楞額如津門部署促兩使盡一晝夜馳至　圓明園衣裝皆落後

睿皇帝御殿受朝正使稱病請假副使以朝服未至

不能成禮爲言世泰遂亦以病奏
上震怒却其貢物卽日令使臣出都英夷本意欲借
貢厚結
天朝希
恩澤迨三貢而弗獲如所望圖澳復不得逞大班喇
佛旋以洋商行用驟加二十倍詰巡撫稟許下司議
又寢不行例定貨銀每兩抽行用三分爲辛工據稟棉花每擔近抽二兩爲加至二十倍他貨稱是蓋畢需貢價及攤還夷債皆取諸行用遂有內外用名目此洋行商人所私增致夷怨者於是

英商積不平屢形桀驁道光中署督朱桂楨毀其夷館前馬頭遞率其來船碇泊外洋舉八事要挾以米利堅不從而止猶以載運鴉片爲利不貲而稅羨實足資其國計常慮市易中斷則利失無以立國且歷受中國

懷柔亦無隙可乘無口可藉也故隱忍久之不敢驟發蓋西南洋五印度之南中西屬諸英者十三部而孟阿臘居首與孟買部皆鴉片所自出乾隆初年以

來內地嗜食漸衆販運者積歲而多一時來至二萬餘箱價値逾六千萬由南洋新埠陸續運至粵海伶仃洋船隨賣隨又運貯不絶謂之躉船至恃沿海內地游手走私奸民（詳見後）爲之載掉入口灌輸內地（每千六百八十斤爲一躉約三百躉爲一船故名躉船）沿海邊郡遞於天津皆躉船之所流注販戶先收貲會城入夷館易片單出付買者持示躉船則按數而給（海國圖志鴉片製造一在八達拏一在默拏加爾吉達稅簿上可查每年到中國多少近來五六年間孟阿臘出產七萬九千四百四十六箱內有六萬

七千零三十三箱到中國道光十三年七千五百九十八箱十四年一萬二百零六箱十五年九千四百八十五箱十六年一萬三千零九十四箱十七年一萬零三百九十三箱十八年一萬六千二百九十七箱此孟阿臘一處數目孟邁等處所發賣在外每年印度所收鴉片稅餉自五百萬至一千萬員不等故巴厘滿遂以印度爲屬國中之第一因孟阿臘官貪必故港口貿易較之孟買尤大每年解至英國之銀約三百一十五萬員連存留在印度以及各官所用大約有一千萬員故英國受鴉片之利益不少又在印度鴉片之稅英國多年得孟阿臘地稅銀四百二十二萬九千七百十二員地稅外又徵收餉現在常例外再加四款稅餉第一款種波畢之時郎須上稅第二款波畢成熟之時以估價之多少上稅第三款於取波畢汁之時上稅第四款於出口之時上稅合計收餉銀連地稅共收銀九百六十八萬四千

餘員除公司貿易外餘地皆禁止不准栽種以免走私漏稅之弊除英國所轄地方外他國亦有出産者如麻爾洼地方亦種波畢且製作好價值昂先年有公司包攬時三分中一分由孟邁出口二分由布路亞國所轄之挐孟出口今却有十分之九由孟邁出口只一分由挐孟出　因此英國逐年得孟邁鴉片稅餉銀百萬員　又一千八百年間中國准鴉片進口以藥材上稅及後奉　旨禁止而廣東官府仍准鴉片躉船長灣在黃埔由是灣零丁洋二年令躉船出口不准灣泊黃埔由是灣零丁洋及澳門急水門等處又議定規銀每箱若干自總督衙門以及水路文武官員皆有之惟關口所得最多或在船上來取或在省城交收皆逐月交清亦有將鴉片準折每次自一箱以至百五十箱為止却無定數此走私之光景若實可靠若想印度人不栽波畢除非中國人不食鴉片若想中國人不買鴉片除非印度人不栽

波畢二者皆所不能　又零丁洋係中國荒地並無兵房營汛保護可以任外國人停泊然水手爲人所殺中國亦將兇手捉獲施刑是中國人在相近自已海岸上施行其政治以保護他國之旂號故亦可在彼處地方行其所立之章程不得謂在零丁洋面販賣鴉片係合法之事　又英吉利之外米利堅人銷用綠茶最多道光十三四年米利堅船由中國裝出茶葉不下一千八百六十八萬八千五百三十三棒從前並無此數也歐羅巴內地銷用茶葉以荷蘭俄羅斯兩國爲最荷蘭每年要銷二百八十萬棒耶麻尼每年銷用一百八十萬棒或二百萬棒佛蘭西在廣東出口時用茶葉雖多然沿途分售及到本國進口時數已減少只銷二十五萬棒然只用之以作醫膽經之藥材因佛蘭西酒多便宜故不甚銷中國之茶也俄羅斯茶在北邊蒙古地方買去在道光十年買去五十六萬三千四百四十棒在十二年買去六百

四十六萬一千棒告係黑茶由喀克圖旱路運至攄色再由水旱二路分運鄉阿額羅其黃旂船綏須船並魯社船所運茶葉皆不甚多其印度各埠銷用之茶每年有英國六七船前去售賣其阿支比拉俄各島中茶葉係中國福建人裝出販賣中國人海船放到蘇祿文萊路哥尼阿新奇坡附近各處係順西北風駛去英吉利人亦有在新奇坡買中國茶回國者其茶均是上等現在各島每年銷茶之數年增一年

總而計之中國每年出口之茶葉有七千餘萬棒與鴉片貿易可以抵對

道光十三年公司以連歲失利期已久逾聽臣民請散局而還其原貲於國散商來舶益多常貨無以遂其壟斷故卽以所分貲載運鴉片光祿寺卿許乃濟之觀察東粵也

稔知非特文告可禁害將無所底止也時懷隱憂而未得所以清源之法其同年生順德何太青令仁和擢丞作浦罷歸謳最投契從容爲言紋銀易烟出者不可數計必先罷例禁聽民間得自種鶯粟內產旣廣食者轉利値廉銷流自廣夷至者無所得利招亦不來來則竟弛關禁而厚徵其稅責商必與易貨嚴銀買罪名不出二十年將不禁自絕實中國利病樞機如無敢舉以入　告何乃濟大爲所動以質敘官

之監課書院吳蘭修者蘭修故嘉應知名士號多聞留心世務者也亦是太青言退爲論曰弭害而暢明之論云天下之害常與利相因上焉者利害均其次之利一而害十甚則利一而害百如是止矣其弭害之策者三上焉者拔本塞源次則嚴法厲禁下則避重就輕亦如是止矣若鴉片者其於人也利一而害百其於國也無纖末之利有莫大之害其弭之也幾於無策夫害至幾於無策而不急爲之權何異厝火積薪之下而燕息其上也請得而條議之鴉片之類有三一曰公班皮色黑亦曰烏土出明雅喇一曰白皮出孟買一曰紅皮出曼達喇薩其氣薰其性飲能提神止泄辟瘴其於人也柔而善入狎而易溺久則廢時失事相依爲命甚者氣弱中乾面灰齒黑明知其害而不能絕也嘉慶初食者甚少不二十年蔓衍

天下自士大夫以至販豎走卒羣而趨之靡然而不返所謂利一而害百者此也鴉片之入販於澳門後徙零丁洋初至約數百箱烏土每箱價約一千二百員白皮每箱約千員紅皮約八百員總計一歲耗洋銀約數十萬員近年多至二萬餘箱烏土約八千箱每箱約八百員白皮約一萬三千箱每箱約六百員紅皮約二千箱每箱約四百員總計歲耗洋銀約一千五百萬員其始猶以洋銀買貨今則盡以歸國矣始則專收北面今則兼用碎花紋銀矣始則英吉利之銀不來今則花旗港脚之銀亦少來矣我國家休養生息幾二百年四海殷富金貝充塞然而天地之數散之甚易聚之甚難以中原易盡之藏塡海外無窮之壑日增月益不知其極所謂無纖末之利有莫大之害者此也論者謂下閉關之令絕其互市損一百餘萬之稅留一千餘萬之銀則失小而得大此拔本塞源之說也夫西洋諸國通市船者千有餘年任

澳門者二百餘年其販鴉片者止英吉利耳今將絕英吉利乎抑盡諸國而絕之乎盡絕則無以服其心專一絕則無以善其後即使諸夷盡去而瀕海數十萬衆一旦失業無以爲生小則聚而爲奸大則引以啟釁東南之患自此始矣就令無患而蚊門以外擇島爲廛天津江浙閩廣之船皆得而至之又烏從而絕之哉論者又謂民情之玩法也非重典不能止此嚴法例禁之說也嘉慶初食鴉片者罪止枷杖後則屯販有禁熬煮有禁海口出入有禁察以巡哨重以流徒加以連坐法非不嚴也禁非不嚴也而弊仍不止何也蓋法令者胥役之所藉以爲利也立法愈峻則索賄愈多其包庇如故護送如故販與食者亦如故也否則獲十百而報一二奪人之禁物而鬻之猶自販耳而况僞官假役百弊叢生前車之轍亦可鑒矣奈何惡濁而揚波止沸而益薪哉然則爲今之計亦惟權害之輕重而已自一人言之則鴉片重而銀輕

合天下言之則鴉片輕而銀重查海關舊例藥材款下鴉片每百斤稅銀三兩又分頭銀二兩四錢五分嗣後請飭外夷照舊納稅交付洋行兌換茶葉內地種者勿論至夷船出口止准帶光面洋銀其內地販印等銀照紋銀例一體嚴禁由洋商報查具結關口盤拔者銀給之密報者給半具結不實者罪如是則通大下之貨留海內之銀十年以後生計復矣此避重就輕之說也顧論者必謂寬一時之法戕萬衆之生則開禁難窮以　君上之養民猶父母之愛子飲食男女之欲皆足以傷生嚴以禁之不可得也使饑其心而生其悔則溺者寡矣論者又謂耗中原之地力奪天下之農功則內種又難謹案南方罌粟三月成苞一收槳之後乃種早稻所妨者麥耳夫三熟之田二稻一麥稻之後利八麥之利二妨鴉片之利數倍於麥其益於農者大矣楚人失之楚人得之不猶愈於夷人乎哉

總督盧坤巡撫祁𡎴

見而心折蘭修更約其長學海堂同事南海熊景星番禺儀克中各著論以與爲輔翼坤隨述粤士私議附片陳焉以側方嚴僅約畧其詞終不敢明請弛禁成廟亦置之但令沿舊禁加嚴而已十五年坤卒官鄧廷楨自皖撫擢繼其節乃濟先改官都門取蘭修舊説稍稍潤飾條上舉朝無繼言者御史許球疏爭以爲不可乃下粤督撫察其當否會議未决克中故墳同鄉寄粤籍得舉方就墳記室勸行頗力海事會

奏總督例主稿墳親袖克中所擬覆草詣商廷楨留之發椽錄正會印拜發有日矣值廷楨生朝嘉善陳鴻墀主講越華南海李可瓊以都轉假歸皆門下士相將入祝共約以弛禁不便阻其成議酒闌果及奏覆事可瓊耄且聾矣總總謂他日子孫恐沾染耗財爲累鴻墀大言曰事繫天下風化累在吾師聲聞百世後青史特書某實首請弛禁若之何胡以一家之私爲也廷楨悟卽以禁約正嚴黽勉綢繆安知無濟

請從此力持三年如至期果不效始計更張未晚具
稿墳勉列奏究非意所安也十八年鴻臚寺卿黄爵
滋有漏卮宜防請置重典之奏奏云臣惟　皇上
宵衣旰食所以爲天
下萬世計者至勤且切而國用未充民生罕裕情勢
積漸一歲非一歲之比其故何哉考諸　純廟
之世壽逾之需幾何巡幸之費幾何修造之用幾何
而上下充盈足稱極富嘉慶以來猶徵豐裕士大夫
之家以及巨商大賈吝靡成習較之目前不啻霄壤
豈愈奢則愈豐愈儉則愈嗇耶臣竊見近來銀價遞
增每銀一兩易錢一千六百零非耗銀於內地實漏
銀於外夷蓋鴉片烟流入中國我　仁宗睿皇
帝知其必有害也故古誡諄諄例有明禁然當時亦
不料其流毒至於此極使早知其若此必有嚴刑重

法於將萌查例載凡夷船到廣必先取具洋商保結其必無夾帶鴉片然後准其入口爾時雖有例法視爲具文夾帶斷不能免故道光三年以前每歲漏銀數百萬兩其初不過紈袴子弟習爲浮靡尚知斂跡嗣後上自官紳下至工商以及婦女僧尼道士隨在吸食置買烟具爲市日中盛京等處爲我朝根本重地近亦漸染成風外夷來烟漸多另有躉船載烟不進虎門海口停泊零丁洋中之老萬山大嶼山等處此粵省奸商勾通巡海兵弁用扒龍快蟹等船運銀出洋運烟入口故自道光三年至十一年歲漏銀一千八百萬兩自十一年至十四年歲漏銀二千餘萬兩自十四年至今漸漏銀至三千餘萬兩之多此外福建浙江山東天津各海口合之方數千萬兩以中國有用之財塡海外無窮之壑易此害人之物漸成病國之憂日復一日年復一年臣不知伊於胡底各省州縣地方錢糧征錢者多及辦奏銷皆以錢易

銀折耗太苦無不賠墊各省鹽商賣鹽俱係錢文交課盡歸銀兩昔之爭爲利藪今則視爲畏途若過數年銀價愈貴奏銷如何能辦稅課如何能清如有不測之用又如何能支臣每念及此輾轉不寐今天下皆知漏卮在鴉片所以塞之之法紛紛講求或謂嚴查海口杜其走私之路固也無如稽查員弁未必悉皆公正既有數千餘萬之交易分潤毫釐亦不下數百萬兩利之所在誰肯認真查辦偶有所獲甚屬寥寥況沿海萬里隨在皆可出入一也或曰禁止通商拔其貽害之本不知洋夷載入呢羽鐘表與其所載出洋茶葉大黄湖絲通計交易不足千萬兩其沾潤利息不過數百萬兩係以貨易貨較之鴉片之利不敵數分之一故夷人之着意不在彼而在此今雖割粵海關稅不准通商而烟船全不進口停泊大洋居爲奇貨內地吸食之人刻不可緩自有奸人搬運故難防者不在夷商而在奸民二也或曰查拏興販嚴

治烟館雖不能清其源亦庶可遏其流不知自定例以來興販鴉片烟者發邊遠充軍開設烟館者比照左道惑人引誘良家子弟例罪止絞今天下興販者不知幾何開設烟館者不知幾何而各省辦此案絕少蓋緣粵省總辦鴉片烟之人據設窰口自廣東以至各省關口聲勢聯絡各省販烟之人其資本重者窰口包送關津胥吏容隱放行轉於往來客商藉鴉片爲名恣意留難勒索其各府州縣開設烟館者類皆奸猾吏役兵丁勾結故家大族不肖子弟素有聲勢於重門深巷之中聚衆吸食地方官之幕友家人半溺於此未必不庇其同好三也或有曰開種罌粟之禁聽內地熬烟庶可抵當外夷所入積之漸久不致紋銀出洋不知內地所熬之烟食之不能過癮不過興販之人用以攙和洋烟希圖重利雖開種罌粟之禁亦不能塞漏卮四也然則鴉片之害其終不能禁乎臣謂非不能禁實未知其所以禁也夫紋銀之

多由於販烟之盛販烟之盛由於食烟之衆無吸食者自無興販無興販者則外洋之烟自不來矣今欲加重罪必先重治吸食臣請 皇上嚴降諭旨自今歲某月日起至明年某月日止准給一年期限戒烟雖至大之癮未有不能斷者若一年以後仍然吸食是不奉法之亂民置之重刑無不平允查舊例吸食鴉片者罪僅枷杖其不指出興販者罪止杖一百徒三年然斷癮之苦甚於枷杖若罪以死則臨刑之慘急更苦於斷癮之苟延臣擬其情願絶引而死於家必不願受刑而死於市惟 皇上明慎用刑之意誠恐立法稍嚴互相攻訐必至誣及無辜然吸食鴉片者是否有引到官熬審立刻可辨如非吸食之人雖大怨深仇不能誣枉良善倘果吸食究亦無從掩飾故雖用刑並無流弊臣查余文儀臺灣志云咖吧本輕捷善鬥紅毛製造鴉片誘其食之遂疲羸受制其國竟爲所據紅毛人有自食鴉片者其法集

衆環視繫其人竿上以炮轟之入海故紅毛無敢食
者今入中國之鴉片自英吉利等國其法有食鴉片
者以死論故各國止有造烟之人無一食烟之人臣
又聞夷船到廣由孟邁經安南過境力誘安南人覺
其陰謀立即嚴禁　凡有食者死不赦夫以外夷之力
尚令行禁止況我　皇上雷霆之威赫然震怒雖
愚頑之沉溺既久自足以發聵振聾誠恐畏事之人
未肯任怨明知非嚴刑不能治託言吸食人多治之
過衆則有激變之患今寬限一年是緩圖也在
諭旨初降之時以嚴切爲要我　皇上之旨嚴則
奉法之吏守法肅則犯之人畏一年之內十已戒其
八九已食者竟絕國法以保餘生未食者亦因戒烟
以全身命此　皇上止辟之大權即好生之威德
也臣伏請　諭飭各省督撫嚴切曉諭廣傳戒烟
藥方毋得逾限吸食並一面嚴飭各府州縣清查保
甲預先曉諭居民於一年後取具五家鄰右保結仍

有犯者准令舉發給予優獎倘有容隱一經查出照新例處治將互結之人照例治罪至如通都大邑五方雜處往來客寓飭令隣右准予查察責成鋪店如有容留食烟之人照窩藏匪類治罪現任文武大小各官如有逾限吸食者是以奉法之人敢爲犯法之事應照常人加等除本犯官治罪外其子孫不准考試地方官於定例一年之後如能實心任事拿獲多起者照獲盗例議敘以示鼓勵其地方官署內及官親幕友家丁仍有吸食被獲者除本犯治罪外該管官嚴加議處各省滿漢營兵照地方保甲辦理其餘管理失察人照地方官衙門辦理庶幾軍民一體上下肅清無論窮鄉僻壤各必體察詳明使天下曉然於　皇上愛惜民財保全民命之至意向之吸食者自當懍刑威革面洗心則漏巵可塞銀價不致再昂然後講求郅治誠天下臣民之福也詔下內而九卿外而將軍總督

巡撫具議令各抒所見條對於是有請稍加罪名者有請鑄銅爲牌當銀者悉留中獨兩湖總督林則徐言極剴切謂目前因循不辦十餘年後銀日消耗兵日吸食大爲中國患因條上分限投首與具與販處分諸法爲禁物永絕之券奏云部咨奉上諭着各直省督撫各抒所見妥議章程具奏云云臣查由杖加徒已屬從重若遷坐死罪是與十惡無所分別卽於五刑恐不協中一則以犯者太多有不可勝誅之勢若議刑過重恐訐告誣扳賄縱索詐之風因而愈熾所以論死之議私揭擬議者未嘗乏人而奮然上陳者獨有此奏然流毒至於已甚非常法之所能防而力挽頹波非嚴刑莫

濟夫鴉片烟非難於草引難於草犯法之心安得不立誅心之法行法在一年以後而議法在一年以前轉移之機正繫諸此斷不至與苛法同日而語也惟是吸烟之輩陷溺已深志氣無不昏惰今日安知來日當嚴刑初設雖亦魄驚魂悚而轉思期限尚寬姑俟臨時再斷至期迫而又不能驟斷罹法者仍多一年中必直省大小官員共矢一心極力挽回間不容髮期於必收成効必絕澆風此法乃不爲贅設茲謹擬具章程一烟具先宜收繳淨盡也查吸烟之竹杆謂之鎗具諸頭裝烟點火之具名曰烟斗凡新鎗斗不適口且難過引必其素所習用有烟油漬於其中者愈久而愈寶之雖骨肉不輕以相讓此外零星器具不一而足惟鎗斗切難替代而斗比鎗尤不可離無鎗時以用熟之斗配別様烟杆猶或遷就一吸若無斗即烟無裝處萬不能吸矣今須責成州縣盡力收繳鎗斗覈其距海疆之遠近與夫地方之荒僻戶

山之繁約民俗之華模酌期定數責以起獲示以勸
懲除新鎗斗由州縣自行毀碎不必彙計外凡濆油
之鎗斗皆須包封送該省大吏當堂公同啟封毀碎
無論此具或由首繳或由購買皆許彙作州縣功過
之數若地方繁廣而收繳寥寥者立予撤參如能格
外多繳舊鎗亦當分別獎勵一將一年之期盡爲四
限逓加罪名也查重典之設原爲斷吸起見各省奉
文之後應由大吏發給告示通行剴切曉諭自奉文
之日起扣至三個月爲初限如於初限內改悔斷絕
赴官投首者請照習教之人首明出教例准予免罪
然投首必將家藏烟具幾副餘烟若干全行呈繳到
官出具改悔自新毫無庇匿甘結加其族鄰保結立
案備查如日後再犯或被告發或經訪聞訊實倍加
重辦其二三四限內投首者雖不能概予免罪似亦
可酌量減輕惟不投首者一經發覺即須加重蓋四
時成歲三月成時氣候不爲不久果知畏法儘可改

圖若仍息忽延遲巳非徒杖所可蔽辜四限以內未首之犯拏獲審實似應按月遞加一等重罪先後投首如何減等首後再犯如何懲辦之處均請勅部核議施行似此由寬而嚴由輕而重不肖之徒如再不知悔懼置之死地誠不足惜矣一開館與販以及製造烟具各罪名均應一律加重分別勒限繳具自首也查開館本係死罪與販亦應遠戍近因吸食者多互相包庇以致被獲轉少今吸烟巳議重刑若輩豈宜末減應請一體加重自奉文之日起開館者勒限一月將烟具烟土全繳准將原罪量減拏獲照原罪辦理地方官於一月內無論或繳或拏均免從前失察處分倘逾限拏獲犯照新例加重自獲之員減等議處其興販之徒路有遠近應請三個月不拘行至何處准赴所在有司繳烟免罪若逾限發覺亦應論死其繳到之烟膏限同在城文武加用桐油立時燒化投灰江河匿者與犯同罪至製造烟鎗圖多

用竹亦間有削木爲之大抵皆烟袋鋪所製鑲頭以金銀銅錫鑲口飾以金玉角牙閩粵間又有一種甘蔗鑲漆而飾之尤爲若輩所重其烟斗自廣東來者以洋磁爲上在內地製者以宜興爲高恐其變燒易裂也則口包以銀錫而發藍點翠各極其工恐其屢吸易塞也則又通以鐵条殳戟錐刀不一其狀奇技淫巧競相傳習雖照例懲辦而製造如故應請概限奉文一月內將所製造大小烟具全行繳官毀化免罪并示諭烟袋什物瓦器以及金銀銅錫竹木牙漆各匠互相稽察如逾限不首及首後再製俱照新例重辦保甲知情不首與犯同罪一失察處分宜先嚴飭近地文武屬員有犯該管上司奉文三個月內查明舉發者均予免議逾限失察者分別議處其本署戚友家丁應勒限一月查明若不能早令革除又不肯據實舉發即是有心庇匿除犯者加重治罪外應將庇匿之員革職臨審時恐其帶藥丸過引則必

先將身上按名嚴搜然後點入封門如考棚之號各
離尺餘不准交言往來問官亦只准携帶一丁兩役
不許擅離自辰巳以至子時止須靜對不必問供而
有引之人情態已皆可出矣何員所審即令何員照
具切結別經發覺惟原審官是問以上就臣愚見斟
酌籌議伏乞　皇上聖鑒訓示再臣十餘年來禁
戒吸食即行施藥瘳之歷試歷驗
者計有丸方兩種謹繕另單恭呈
上大爲感動召至京面受方畧以兵部尚書佩
欽差大臣關防馳驛至會督撫商辦
廷議販賣吸食皆死著爲令予戒限年有半粵中辦
理已節節從嚴訪緝販戶不遺餘力貨舟往天津官

爲查驗封艙抵津復由官驗啟沿海諸營以兵遞送
駐舟師中路伶仃東路惠潮洋面按月輪截民泊夷
船售私者見即捕執格殺勿論首令省紳設局勸繳
膏土吸具延楨先嚴檄州縣實力奉行効去其吸食
者慮屬吏具文應也則故遣其材官分出而坐催之
民俗騷擾熬驗訟官日以百計瘐死者衆誣首之風
四起因有條陳倣保甲法爲五家互結者然後良民
時查辦嚴鄧公明知騷擾而轉有假是
得自爲聯保以動民使永戒痛絕之意派及材官原

不得已之權宜也省中兵役裁贓肆害旦夕詐索絡繹於道皆雇工賤役巨販率以賄縱獲者寥寥外縣武弁尤藉以居奇草木皆兵幾無寧宇黄埔本番禺近海村落夷船所聚泊處不能無所蓄鄧公密調順德令威昌夜挈兵役往搜鄉人以番令張錫蕃不至意其僞遽出拒遂傷胥役予下鄉收繳還言諸鄧公乞勿過爲操切宜聽五隣結保以爲究竟遂令予補牘上之紹興名士胡蕃方就幕潮陽以爲是難變通古法而不可行於潮郡慮鄉有土賊將負隅以抗而卒亦如此議行矣當 論旨嚴切時高要廣利墟素有所積由此越梧州關灌輸西粵有 旨切責叠條奏者以廣利有小澳門之名故也鄧公既拘關吏並以責高要令無所得乃召予入署示以軍機字寄語次第下予亦感動爲購得墟鋪之爲營土窖以藏者列其鋪號以入會令繳十顆至忘撤所記鋪名對驗正中又實以泥沙詢悉由更保查起者於是令

候補知縣言良鈺往予勸公事苟辦幸勿以人命爲功良鈺首肯終事拘一火者奏覆乃已蜑舖之藏者凡十餘家各以地道入時有由渡分寄以函官至令亟避者皆則徐未至前事也

凡大班始至具戚服帶劍候謁洋商三日而後見自夷性日驕戾廢此禮久商之所以投夷好者無乎不至幻遞府幕官有舉動夷輒先知又慮大班遇事挑斥益低首下心委婉而承順之商賢愚固不一然利夷之利則人有同情夷遂得而持之矣公司局散費省不復以官來大吏惡其水梢素橫散商無所統一

諭使仍派夷官自理逾年即以啤嘮嘩至欲設審判署辟屬自助未報遽入出其國文將面投總督商代呈不許遣廣州副將借守詣詢亦秘不以來意告遂禁其火食懼而出旋憤極而死於澳十六年繼以義律巴懲前事初至極恭慎再請而後入居夷館稱遠職蓋英俗貴所都蘭裔入義律籍其國屬的縣士小爲於國實疎遜利權非其所專遜大班遠甚故自抑不敢肆如此西夷於卦方屬兌俗重女子從師就學

一同丈夫嫁則跬步弗離事必順而聽焉土風然也義律素敬服其妻生一子矣此來謂招自中國駐粵必久攜以至然亦但治其船梢未嘗與聞貿易並來者皆其民之貲貨出入盈絀皆所自主非復向者之官六民四屬諸公司大班也十九年正月則徐既抵粵詳考禁令訪悉近年情事與夷商輕藐所由來林公前官蘇撫得士心江蘇郭桂船庶常書院中所最賞識者豫厚菴至來榷粵市聘就幕中會予應聘總修粵海關志畧續錄發出其手林公未度嶺關以役迎諸嶺州郡亦附書以延知予先在海防書局所有諸

圖稟件禁令及沿海要隘諸營縣界域道里墩營礮
械皆有錄存圖繪於是諄囑予摘其收要有關海事
暢爲圖說爲羔鴈獻先是林公官杭嘉觀察見予所
著書謬承獎借至是就局中錄爲巨帙授郭獻之予
方由越華院遷隣會以備行　嚴責首商商衆咸畏服
轅公過而先下顧談極暢
隨札諭夷商速繳禁物委曲開導時夷商聞中國法
在必行往日售私最多者曰嗜噸巳先遁出伶仃次
則噸呲尚徘徊未去則徐以義律領袖諸夷預示以
將來繳盡宜出具夾帶者人正法貨入官甘結乃可
不斷市易爲諭四條諭云一論天理應速繳也查爾等數十年來以害人之鴉片騙

人錢銀前後所得不知幾萬萬矣爾則圖私而專利
八則破產以戕生天道循環能無報應乎及今繳出
或可懺悔免殃否則惡愈深而孽愈重爾等離家數
萬里一船來去巨海茫茫如雷霆風暴之災蛟蛇鱷
蟒之害刻刻危機天譴可畏我 大皇帝威德同
天今要杜絕鴉片是即天意要絕鴉片也天之所厭
誰能違之即如英國之人犯內地禁令者前有大班
喇咈佔澳門隨即在澳身死道光二十四年啡嘮啤
闖進虎門旋即憂懼而死嗎哩啞喑中補弄是年亦
死此外凡有不循法者該夷同國而遭重譴或未同
復受冥誅各國新聞紙中皆可記載 天朝之不可
違如是爾等可不凜懼乎一論國法應速繳也聞爾
等國禁吸食鴉片者處死是明知鴉片烟之害人也
若禁食而不禁賣殊非恕道若禁賣而仍偷賣是爲
玩法況 天朝販賣之禁本處吸食爲尤重爾等雖
生於外國而身家養活全靠 天朝且在內地之日

多任爾國之日少日用飲食以及積蓄家財無非
天朝恩典比之內地百姓更爲優渥豈非爾等於
天朝之德轉不知悔懼耶從前鴉片雖禁尚不加以
嚴刑則是　天朝寬大之政至於爾等私下販賣亦
不十分罪究今則　大皇帝深惡而痛絕嗣後民
人不特賣鴉片者要死而吸食者也要死都是爾等
害之豈內地民人該死而爾等獨不該死乎今仰體
大皇帝柔遠之心姑饒爾等之死只要爾等繳
清烟土出具以後不夾帶甘結如有再帶入口人即
正法貨盡繳官這是宥既往而儆將來何等包含渾
厚且無論爾歷年所賣鴉片不計其數就論上年帶
來鴉片偷賣去的諒亦不少爾僅將躉船之現存者
盡數呈繳已極便宜那有再讓爾等多賺銀錢更誘
內地民人買食以陷死罪之理恭查　大清律例內
載凡外人有犯並依律擬斬等語從前辦過夷人死
罪如打死人償命之類都有成案試思打死一命不

過此起一時尚當依律抵死若販賣鴉片直是謀財害命況所謀所害何止一人一家此罪該死乎不該死乎而尚不思速繳煙土以免其死乎爾等細思之一論人情應速繳也爾等來廣通商利市三倍凡爾帶來貨物不論粗細整碎無一不可銷售而內地出產不論可吃可穿可用可賣者無一不聽爾搬運不但以爾國之貨賺內地之財並以內地之貨賺各國之財即使斷了鴉片一物而別項買賣正多贏其三倍之利自在爾等仍可致富既不犯法又不造孽何等快活若必要做鴉片生意必應斷爾貿易試問普天之下豈能更有如此好馬頭乎且無論大黃茶葉不得即無以為生各種絲斤不得即無以為織即如食物之白糖冰糖桂皮桂子用物中之銀朱藤黃白礬樟腦等類豈爾各國所能無者在中原物產充盈儘可不需外洋貨物若因鴉片而閉市爾等至無生計豈非由於自取乎況現在鴉片無人敢買爾等寄

在躉船按月有租賃之價日夜有防範之工豈非多此枉費一遇風狂火熾浪湧潮翻沉没燒燬皆意中事也何如呈繳而得優償乎一論事勢應速繳也爾等遠涉大洋來此經營貿易全賴與人和睦安分保身或可避害得利爾等售賣鴉片貽害內民正人君子無不痛心疾首甚至與販吸食之人置之於死皆由爾等而起即閭里小民多抱不平之氣衆怒難犯甚可慮也出外之人所恃者信義耳現在各省皆待爾等以信義而爾等轉毫無信義於心安乎於勢順乎况以本不應賣之物當此斷不可賣之時爾等有何爲難有何恨惜且爾等國不食勢難帶回若不繳官留之何用既繳之後貿易愈旺體貌愈優豈非爾等之福也本大臣與督撫兩院皆有不忍之心故不憚如此苦心勸諭禍福榮辱皆由自取勿謂言之不早也又籌辦內地與販吸食者先以所訪積年販戶下

司行拘須結式令四民互保海口船戶亦編澳甲書名帆上以便稽察當時章程十條一吸食者立限斷引省城以二月爲始截至三月底止外府州縣以奉文日爲始勒限兩月一體戒斷其有嗜好烟土烟膏烟槍烟斗及一切零星器具一槪准其繳官不問姓名但不得稍有隱匿所繳烟槍必須辨明眞僞外已純熟中積烟油者爲眞以新竹灌烟油者爲僞至於窰口興販烟館等項人犯若不將烟土烟膏首繳到官及至被人告發或線人引拏搜獲眞贓實據定當盡法懲治並以本犯財產籍沒變價賞給首告及引拏之人誣者反坐一有人告發或現犯供指或線人密首應行進屋搜查贓據者其夾帶栽贓之弊固不可不防而謠言鼓惑之風亦不可不戢嗣後遇有應行入室搜查者文武各官須親帶兵差弁經進門先將帶去兵差逐一搜檢明白仍於

出門時當衆照前搜檢裁贓擾竊二弊均無所藉口矣一大小文武官員許其所屬稟首廣開指揭之門非縱其親長犯上也直指告罪人耳沿海營弁更難保無得規狥隱售私吸食諸弊嗣後無論地方塩務文武官員其屬下有吸食或包私者該管上司代爲狥庇一併嚴參其上官有吸食或包私者屬下果能切實稟揭熬審不虛分別記功幷酌拔補一各州縣奉文之後勒限兩月收繳烟槍烟土器具應責成該州縣分鄉分圖由城及鄉挨次編查保甲以塞其流敦請紳士爲之綜理再由紳士選舉各鄉公正衿耆分段編查赴縣具領門牌底册詳細塡註其有不能相信者許於該戶名下註明不敢保字樣地方官即將各鄉不敢保結之人另立一册限日挨查無實據者再責成該管族黨正副立限確查切實保結倘仍前不敢擔保立即嚴拘訊究一士爲四民之首文武生員有吸食鴉片者予限兩月若再覩望遷延則其

情罪實較齊民為重即責成教官逐一挨查轉報地
方審明實據立即詳革治罪教官查核學册隨意撥
派五人互相聯保各於册內詳註互保姓名事故申
繳備案至捐職及貢監生令各州縣細查描册開明
人數造册移送教官諭令生員各保所知倘生員未
能盡悉不肯據保即責成已經保過之捐職貢監保
其同類其無保之人查訊熟驗一兵丁吸食精神筋
力疲倦不堪亟應明定章程嚴加考驗以除積弊而
肅戎行每五人為一伍令其互具連環保結呈送所
不敢保者另立一册聽候委員熟試一幕友官親長
隨統於兩月限內將署中有無吸食之人出具切結
屬員申送上司同官互相咨送以憑查考經承小書
各班差役亦應責成本官設法查禁亦隨便指撥五
人互相派保一粵東中東西三路口岸出洋之繒船
拖風渡船泥船以及蝦笱等項或攬載私貨興販吸
食或貪圖微利接濟奸夷責令該口岸澳甲編號造

册呈送該管衙門飭令五船互保將無人保結之船另造一册隨時挨次搜查究辦即或查無實據亦應編入岸地交保約束不准再令駕駛出洋其內河大小船隻以及蛋家漁船均責成地方官一體查辦倘有客商違例夾帶吸食許該船戶前赴沿途地方官密行首禀一船有煙三扇或一二扇書寫大字三行中一行寫某州縣某人姓名左一行寫某字第幾號右一行寫第幾甲第幾牌一客寓寺觀伙店所有暫時寄寓之人應由地方官責成廟祝店主設立循環號簿詰詢里居姓名詳細註册每五日送該管衙門考核許該廟祝店主隨時密首一名客商過關投稅貨船一一打開盤驗責成行戶經紀人等逐一撿查到關即將貨單保結呈繳關口委員核對圖記相符然後抽查貨物

二月初十日義律自澳入省欲挾噸哋私逃以爲匿處澳門或下船次

皆無如我何也則徐偵知撤其買辦調集巡船圍泊夷館後查截嚴緊使無從下河而筏斷獵德防其遠遁十四日義律計無復之乃請就夷樓黃埔及旋洋躉船所有合二萬二百八十有三箱盡數呈繳聞繳數雖多然中有內地人先向夷樓交銀取單未及載運者又有上年由粵赴天津以港口查辦嚴不敢入因而原船帶還仍借放躉船者似非盡英夷之物然一據澳門月報一云繳與中國值魯碑二千五百萬兩一云繳銷破費一千二百五十萬員皆以所繳數核算魯碑值半員兩數相符是并借放者亦作該船物矣則徐親赴虎門驗收凡二百三十七萬六千二百五

十四斤以箱凡百二十斤計轉浮出所呈數外奏請派員解京得旨令在海口銷毀俾軍民知所震畏乃開池引鹵水入隨投隨灰以石灰俟其揚沸旋自糜爛事後因免解京有疑及所繳中多空箱者不知義律當時實盡繳無存林公帶同官役萬眼同觀且委員下船收繳亦開箱點足無空箱事躉船既空所載恐其逗泊生事逐使還國海船必躉載而後可行躉船止旋泊載私半屬微壞之船非修不可駕駛時市尚未禁斷而散商買貨有時必以原船運出躉船實無貨可載一時難以開行逐之焚之皆難驅使去其時舟師奉公又不敢稍作疎懈

夷人所以謂林公不知外國情事者此一端也續至者亦令續繳甫至闢即開行者免其窮追此繳烟始末也溯考康熙中鴉片入口以藥材收稅來尚無幾厥後惡吸食傷人除其稅而禁之嘉慶中私販日盛稍加食者罪摘總商頂戴雖歲具季結總屬具文始則屯於澳門自香山葉恒樹得罪乃改回黃埔船既處內河受制又租船而盡躉於伶仃急水等洋每製出即載至新埠陸續來粵源源輸運售銷來數劉至莫可窮詰道光十三年

後歲至者已七千餘箱至是且萬有六千餘箱矣嘗阮元官總督時知流毒日深終必决裂而內地商民資以求食欲操其本而無從也則密奏暫事羈縻徐爲之計無如代者漸積因循李鴻賓創設兩廣巡船道光六年事而月規反從此起水師關口視爲利藪內匪私製船形如蟹百槳飛運謂之快蟹代爲灌輸行無曉夜遇查捕僅十之一不能避則以礮抗兵船遇之亦不復向問外洋運米入濟例免征稅夷埠米至較

多往往因而夾壓米艙以入盧坤知巡船積弊立令裁撤十二年事已不可及廷楨始至以中軍副將韓肇慶言之十七年事肇慶佈其屬如蔣大彪倫朝光王振高徐廣泳恩升保安泰輩假查爲縱時取躉船數百箱間自出所得規費易紋銀爲報功地肇慶轉緣是獲擢總兵

賞花翎每指文員規費語其徒實皆假名以入已橐廷楨但見報獲疊至以爲實效可覩無可起疑且易

紋銀爲私貨賍貲繳公至巨萬變幻更出意外事固甚秘即有聞見亦疑信參焉無敢質言者實不虞擘慶之相負至此也

林公在道未至鄧公爲予言云少具可用即爲戒絶之証殊不知具雖繳而凡可借以爲吸而食之者皆具也時方在二堂右食押房隔案坐因指硯側水盂曰譬諸禁茶茶碗繳盡猶可以此盂爲飲具正源之法却不在此惟互結一法尚可行於鄉里可先做其意行之予既陳五家互結牘未弁及兩廣船名目請因便核查益凡送京報船之往來北江者共額必書兩廣報船粤人因亦稱曰兩廣船與海口巡船名目相同但報船止從內河往返連州江口挾私或有或無即有亦屬零星原無與查辦其時公乃密令馮弁者至報船泊處詳訪至再不可謂

夷氛聞記　卷二

不隨知隨辨無如神猾之竊綫能出意計外海口兩
廣船名目向未入公耳也閱規費之歸营員者每借
節署爲言尤荒謬可髮指者則莫如訛言及三公子
無名氏題壁詩僅從耳食又有月錢三萬六千金及
何時鐘室誅韓信自昔銅山屬鄧通語鄧公聞之惡
其無根訕謗因有查辨從嚴不利食者致作爲詩歌
之奏及至奉
旨查拘又不欲爲已甚時關署有
令江陵罷官在幕者以所聞作者姓名告固謂得諸
傳聞非有所証據也先是公甫至粵屬其門下陳舍
人鴻墀爲覔品學兼優之士爲公子師舍人轉訪於
予予以其人並南海林學正伯桐薦公命取閱所著
書義其人方館粵臯人豐爲書答予使辭之而感公
知己之意洋溢楮外予以書呈至是已四年矣公偶
言及作詩事予背誦前書感激語由是釋然其延林
時公子方舞象授經之暇輙講古禮無故不令入內
署書房門在二堂庭左設老役守之署內人且不得

入入則公自房窓一望即見迫西省閱兵去更恪守館規旬日不入一日童子出請向師揖告片刻假林恐其荒業也笑謂盍學書乎遂逡巡還座頃之官戚有長輩者入言今日其先夫人木主奉安里第署中亦同時行禮林乃憮然曰何不質告幾誤矣其醇謹率教如此林知之最悉林故恭謹通儒殁後縉紳舉祀鄉賢言動皆爲人信每談此未嘗不衝冠也後林公令觀風諸生陳積弊各書所知於片紙數百人無一言及公子者可見 則徐因其鄉人之久於粤者習公論之自有在也

聞水師得規故縱之說乃選集會城粤秀越華羊城三書院肄業生數百人爲觀風試假學政考棚扃而考之卷夾條紙開四事爲問（四事一大窰口所在及開設者姓名一零星販

戶一令各就耳目所及指出而不書已名於紙片一
斷絕禁物法卷册先由監院教官備送前一夕預傳
刻匠以三鼓刻印留於行署詰朝　於是諸生各以所
乃出點名後諸生見條紙始知
聞詳書於紙則盡悉屯戶姓名及水師賄縱報獲獻
功欺朦大吏狀商之廷楨奏褫肇慶職盡發遣其屬
弁　當時林公有嚴識至死罪之意乃從容謂欺罔者
弁當不止此數人後終以鄧公故輕之然當訊諸人
鄧公適至婉郄之直告以方訊罪弁有所商請　惟恩
先詰巡撫署相待林公亦隨至始終無私言也
升僞爲目疾禁未起解奏定賞繳烟夷船茶葉計箱
給五十斤　每石茶稅銀二兩五錢洋行會館石抽銀六員至九員不等有公司時洋商包餉費

至六兩七錢歸時沿途海口七八處皆有稅至英國
則每茶十二兩納三錢七分五釐較原值已加一倍
弁水脚與武夷買價已及數倍夫此出自
恩賞雖五十斤然彼所得已不薄　則徐探知
夷埠烟稅最重歲留充孟阿臘經費有餘盡收歸國
庫王享其厚利久矣今中國雖禁絕吸食而來源未
斷是當責諸其王王果恭順
天朝即宜在彼先禁栽種此後私産不前庶可永享
樂利矣是會督撫衙照會英國
予言於林公謂宜奏請
勅諭且引乾
隆嘉慶兩貢並頒以　勅似可率由舊章為言林
公以前次之　賜勅皆有使臣可帶今既不便以

人往事當敬慎不如由大臣照會爲當惟慮義律未
必肯代寄乎舉康熙中　賜勅俄羅斯亦慮及
邊目阻隔因荷蘭人至交其轉行齎發　並慮義律懼
此次似可交西洋在粵舟令其代寄
王以巳不善辦理受責辭不肯收收亦浮沉文既未
達終無實耗乃繕封數十按其在粵國船及他國船
之必抵其蘭崙城者船與一通使歸投焉以期必至
照會云照得天道無私不容害人以利巳人情不遠
孰非惡殺而好生貴國在重洋二萬里外而同此天
道同此人情未有不明於死生利害者也以　天朝
四海爲家　大皇帝如天之仁無所不覆而遐荒
絶域亦在並生並育之中廣東自開海禁以來流通
貿易凡以內地民人與外來番船相安於樂利者數

十年於茲矣且於大黃茶葉湖絲等類皆中國寶貴之產外國若不得此即無以爲命而　天朝一視同仁許其販賣出洋絕不靳惜無非推恩外服以天地之心爲心也乃有一種奸夷製爲鴉片烟夾帶販賣誘惑愚民以害其身以謀其利從前吸食者尚少近則互相傳染流毒日深在中原富庶蕃昌雖在此等愚民貪口腹而戕其生亦屬孽由自取何必爲之愛惜然以　大清一統之天下務在端風俗以正人心豈肯使海內生民盡甘心鴆毒是以現將內地販賣鴉片並吸食之人一體嚴行治罪永絕流傳推思此等毒物係貴國所屬各部落內鬼域奸人私行造作自非貴國王令其製賣但各國之中亦只數國製造此物並非諸國皆然稔聞貴國不准民人吸食犯者必懲自係知其害人故特爲之厲禁然禁其吸食何如禁其販賣並禁其製造乃爲清源之道若自不食而仍敢製造販賣引誘內地愚民則是欲己之生而

陷人之死欲己之利而貽人以害此皆人情之所痛恨天道之所不容以 天朝力振華夷何難立制其命而仰體 聖明一寬大自宜告誡於先且從前未有公文移會 貴國王一律嚴禁則猶得諉爲不知今與 貴國王約將此害人之鴉片永遠斷絕我內地禁人吸食屬國禁人製造其從前已經造作者貴國立即須行搜盡投之海底斷不許天地間更有毒物非獨內地民人不受其害即 貴國民人既有造作安知其不吸食果並造作而禁之則該國亦不受其害豈不各享太平之福益昭 貴國恭順之忱如此則明於天理而上不致降災協乎人情即物亦能感化況內地既經嚴禁無使吸食即使該國製造終亦無處可賣無利可圖與其虧本徒勞何不改圖別業況內地搜出鴉片盡行付火油燒燬再有夷船夾帶鴉片前來不能不一體燒燬恐船內所載他貨難免玉石俱焚是利不得而害已形欲害人而先害己也 天朝之

所以臣服萬國者正有不測之神威毋謂言之不早也貴國王接到此文即將各海口緣由速行移覆幸勿諱飾支延

道光十九年二月　日

遴隨員知府余保純劉開域出虎澳門頒式各國使合漢夷字繕結諸國皆如式繳送義律請令隨員入澳會議禁烟章程因請此後聽其國船至即收泊於澳門由澳卸載不經虎門則徐以澳門西洋船舊有定額非英船可得援照如不入泊黃埔海關從何徵稅私貨從何稽核嚴詞批駁義律言既不准收泊澳地便無章程可議遽負氣繳還所

賞茶斤堅不具結盡止其國來船候王文至方放入口蓋其時義律先附阿壟爾船以繳烟中國列所繳數并開應償商本一切馳禀其王别繕會單十有七紙付其庫官令照在粵原約按十二個月限期出庫欵給還商繳原價俟商歸領船未至而所都蘭崙城已於六月二十日風聞其事矣彼國七月十三日海國圖志義律繳與中國鴉片共計二萬零二百八十三箱值魯碑二千五百萬箇麻爾洼存舊鴉片一萬二千箱值魯碑七百二十萬箇存新鴉片二萬三千箱值魯碑一千一百五十萬箇孟阿拉存舊鴉片八千箱值魯碑三百

二十萬箇孟阿拉新鴉片二萬二千箱值叁碑八百八十萬箇總共值叁碑五千五百七十萬箇該五百五十萬棒有奇　十二月到蘭頓之茶七萬包當賣去五萬八千包存下一萬二千包未賣所存下之茶內有一半係帶茶葉進口之人收起奈價甚高賣出之茶葉比十月間價更貴後因買者日少價錢漸已減落前月十六日接得印度信來說自七月間廣東已將英國貿易停止遂致茶葉價值又復長價至前月下旬傳說國家要與中國打仗茶葉價更增長自後市上賣茶之人皆囤積不賣買茶之人到外購買毫不能得以致下等之黑茶綠茶亦如常時好茶并工夫茶一樣價值　又繳烟時鴉片價值每箱不過洋銀二百五十員何名英國人將烟賣與義律呈繳之時又索價每箱五百員之多欲望英國庫中償補之故義律以待命爲請其不敢具結也實稔知南洋

息辣新嘉坡諸市埠積頓鴉片尚多運至伶仃者方源源不絕自慚人疎職小無與援於國倘一道中國結狀則來者貨沒人殺皆出其手爲指顧間事而彼國尚未之知肩任重大用是籌之愈決持之愈堅 上

鄧制府書云日昨摳謁軺轅飽德醉醇三爵而退入城已及更深矣過分之愛敢尋常稱謝而已耶

欽使籌辦海禁極爲嚴密周詳通國所樂爲祝頌刻下出駐虎頭門令劉余兩隨員勸取義律結狀堅不我從固屬頑梗然在鄙見論之就使彼能具結亦不過一時虛應故事耳揆之 欽使生平實事求是之意似有尚宜細思者事繫中外大防生民至計芻蕘一得弗敢避嫌緘默益將求內地無鴉片之傳染

必外邦無鴉片之栽種而後可鴉片之來自開關已入稅則今榷册未去其條但從前止供藥料後嗜食衆銷流廣則製造多其勢然也英夷自乾隆初年攻據孟阿臘即古印度海口駐守至今凡租地開花取漿出口四徵其稅所以資於鴉片者甚厚彼壤地爲里有限而鴉片乃日出無窮非土番搶耕耨而專種罌粟不能多至於是其來也先囤之於新埠由新埠而運至零丁洋外之躉船隨卸隨載隨賣隨補源源不絕情形如是今具結之後能日陳兵於口岸爲之迎而擭之乎縱設法不令入虎門而自老萬山外蔓延諸省灌輸內地者安所底止日前雖繳燒淨盡恐不轉盼而航帆至者即以結具禁擲而窺伺且接踵矣故吾儕之策實難計其萬全不如明白宣諭使義律速返報國王俾切諭其酋謂中國既嚴禁令誓斷絕而後止將來到必失利而他貨亦隨以入官夷商即從之受法種種窒礙利害懸殊今中國一視同仁

特予以三年期限令外邦種植鴉片舊壞得以並行改種禾稻架非之屬凡地性所宜可資生夷衆者聽照未有鴉片之前就地栽植以所出代鴉片而贍生計語既迫切時尚從容貪利之邦宜知去害一俟三年期滿孟阿臘生計有資鴉片既不製造則來商自無從獲罪至此方爲盡絕根株尚恐義律未明大體不敢遠達其王似宜加以照會彼方圖天朝之示易揭行法之嚴竣安在其不能如響斯應乎在

欽使侯思恩廣益飲食教誨數月於茲相待洵爲至厚每思抒忱獻悃覔便進言惟是遠駐海嵎面陳無自且海禁一役大人與中丞公同辦理未便越瀆用謹披陳於左右曩者緒稟請永禁烟以五家互結之法當奉行司條遍兩省當時所識潮陽幕客朗君書堂者來函以地多土城奉行頗窒見商始知通行文件均發及稟陳之由自問職僅課文爲公趙分每一念及時抱悚惶茲可否仍作寄商勿令宜露權衡有在

伏乞鑒原延至五月會有英船水手毆斃村民於尖沙嘴者正嚴勒取結怒其藐抗報至更令交兇犯訊抵義律購緝正兇自拘集其起事黑夷五人聽官查勘尚未敢遽形悖逆也雍正中總督奏溯查自來內地殺夷人多而夷殺內地人少緣夷人犯罪畏交省禁而地方官亦畏不能交禁受處分於是任其設法消弭轉非所以畏服外夷請嗣後兇犯其交禁令夷目拘犯禁於澳門夷監而委官赴澳會訊取供俟部覆處決仍委官往監視行刑自是夷殺人無交省禁之例則徐恐義律久居澳門得與西洋人交結爲奸諭以英商在澳原爲屏擋貿易今貨船既不入口

無艙可開無貨可售逗留無謂令其概行遷出下令
禁絶入澳蔬食西洋人懼爲所累莫肯爲英人居停
義律不得已携其妻若子率住澳英夷五十七家倉
卒下海暫出尖沙寄泊由是諸夷怨甚其國舊設護
貨船兵隨貨至大者護以二船小者一船貨入留兵
外洋英夷既出澳夷代請將躉船盡遣去夾帶者貨
充公而人不殺謂西洋向不知有斬殺例也則徐以
所請不與內地辦法及各國結語畫一斥之保純屢

促義律具結義律轉以結則已受累故開誠以告保純亦無以難也遂勸其自請船至口岸泊候盤驗意以爲夷商畏盤失貨臨時將卽甘自投結可省口舌也義律未明其用意所在謂私但入官仍未至正法可行也欣然從之旋具稟代請爲則徐駁飭事已不行而義律誤以爲委員許之矣旣知仍需結忿大吏反覆孽夷因聳義律督護貨兵與我舟師抗數自易其官名自是始決意內犯洋面皆出舟師帶小舟載

引火物燒其躉船之不肯同國者八月初五日英夷
所雇呂宋墨爾咩那二桅躉船泊潭仔洋售私舟師
二卒二火船至首尾夾燬頃刻燒盡夷衆下水逃者
悉撈獲九月晦義律率其得忌喇士等貨船三與夷
兵應招新至兵船二赴九龍山礮臺索食突攻我師
船參將賴恩爵礮擊之殲其三桅船一夷駕三板駛
近助戰皆中於礮餘退泊尖沙嘴咪爽復配械於三
板再至亦被擊旋自駛退諸夷諱以爲怯是日適有

英船繕結紙求入者二義律揮其兵阻之先二日英兵船二自澳來至穿鼻洋兵目士密（譯稱吐密今據其新聞紙）投詞虎門請停攻燬尖沙嘴船俟其國信至事即定約其船退三里俟批提督關天培仍責令交兇原封擲還隨領五船巡洋士密誤疑專以戰出也遽燃礮迎擊師船拒之鬭一時久天培身先士卒挺立桅前揮四船同時礮擊值風潮皆順壞其奉倫船頭鼻夷兵多落水死時提督本以巡洋出船樹紅旗官舟儀幟

也夷商居粤久者習見之不爲訝異益西洋無事船旗皆白進戰則改用紅者迨易黑旗則死鬬矣士密初至具禀自謂意本無他忽見師船出且用紅旗以爲來挑戰也故先開礮既敗卽與義律秧馬禮信（官名）（說見下）同駛避於尖沙十月初又來攻尖沙嘴北官涌山礮臺接仗凡六次卒爲舟師擊斃無算凡淡水泉脈皆守以兵或下毒物英船不敢灣泊遂相將出椗外洋事

關賞天培福員阿巴圖魯名號十一月初八日
詔英夷反覆先啟大嶨未即絶其貿易不足示威卽
使此時出結亦難保無反覆情事茲屢次抗拒仍准
通商殊屬不成事體區區貨稅何足計論彼自外生
成尚何足惜看林則徐等酌量情形卽將英吉利國
貨貿易停止船隻盡行驅逐不必取結兇犯亦不值
令交出着出示列其罪狀宣布各夷倘敢包庇潛帶
入口從重治罪則徐時方駐海澨接奉宇寄卽爲曉

示軍民通諭諸國而還前九龍之奏奉有批諭
不患卿等孟浪但患過於畏
葸摺內苟知悔悟儘許回頭語奉硃批云不應
如此恐失體制奉法者來之抗法者去之語奉
硃批云未免自相矛盾恭順抗拒情雖不同究係一
國之人不應若是辦理十二月賞賜林公福字
有楷書玉音云願卿福壽日增求爲國家宣力適大理寺卿香山曾望顏
條奏夷情反覆請封關禁海設法剿辦澳夷貨物亦
請定限制下廣東大吏議奏則徐等以別國貨船皆
遵例呈結查無夾帶乃准開艙惟英船屢諭不遵是
以驅逐今若將未犯法者一同拒絕事出無名且米

利堅佛蘭西外餘皆仰英夷鼻息彼榮此辱此中控
馭可以夷治夷廣東人以海爲主不准出洋勢即不
可終日奏覆而止奏云查粵東二百年來准令諸夷
互市原係推恩外服普示懷柔並
非內地賴其食用之資更非關榷利其抽分之稅況
自上冬斷絕英夷貿易以來疊奉
諭旨區區稅
銀何足計論大哉
謨訓中外同欽臣等所有秉
承無所用其瞻顧惟將各外國在粵貿易一律停止
則有尚須從長計議者竊以封關禁海之策一以絕
諸夷之生計一以杜鴉片之來源雖若確有把握然
專斷一國貿易與概斷各國貿易揆理度勢迥不相
同蓋鴉片出產之地皆在英吉利國所轄地方從前
例禁寬時原不止英夷販烟來粵即別國夷船亦多
以此爲利而自上年繳清躉船烟土以後業經奏奉

恩旨撤免治罪卽未便追究前非此後別國貨
船其不遵具切結屢屢查驗並無夾帶鴉片乃准進
口開艙惟英吉利貨船聚泊尖沙嘴不遵法度是以
將其驅逐不准通商今若忽立新章將現未犯法之
各國夷船與英吉利一同拒絕是抗違者擯之恭順
者亦擯之未免不分良莠事出無名設諸夷稟問何
辭臣等卽礙難批示且查英吉利在外國最稱強悍
諸夷中惟米利堅及佛蘭西尚足與之抗衡然亦忌
且憚之其他若荷蘭大小呂宋連國瑞國單鷹雙鷹
等國到粵貿易者多仰英夷鼻息自英夷貿易斷後
他國頗皆欣欣向榮益遂利者喜彼紲而此贏懷忿
者謂此榮而彼辱此中控馭之法似可以夷治夷使
其相間相睽以彼此之離心各輸忱而內向若概與
之絕則觖望之後轉易聯成一氣勾結圖私左傳有
云彼則懼而協以謀我故難間也我 朝之馭諸夷
固非其比要亦罔不及衆仍宣示以大公且封關云

者爲斷鴉片也若鴉片果因封關而斷亦何憚而不爲惟是大海茫茫四通八達鴉片斷與不斷轉不在乎關之封與不封卽如上冬以來已不准英夷貿易而臣等今春查訪外洋信息知其將貨物載回夷埠轉將烟土換至粵洋並聞奸夷口出狂言謂關以內法度雖嚴關以外汪洋無際通商則受管束而不能違禁不通商則不受管束而正好賣烟此種貪狡之心實堪令人髮指是以臣等近日不得不於各海口倍加嚴拿有一日而船烟並獲數起者可見英夷貨去烟來之言轉非虛揑不然以外洋風浪之惡而英船仍不肯盡行開去果何所圖若如原奏所云大小民船概不准其出海則廣東民人以海面爲生者尤倍於陸地故有漁七耕三之說又有三山六海之謠若一概不准出洋其勢卽不可以終日至謂捕魚者止許在附近海內此說亦雖近情然既許出洋則風信靡常遠近難定又孰能於洋面而阻之卽使責

令水師查禁而晝伏則夜動東拿則西逃亦莫可如何之事臣林則徐上年刊立章程責令口岸漁甲編列船號責以五船互保又令於風帆兩面及船身兩旁悉用大字書寫姓名以及里居牌保惟船數至於無算至今尚未編完繼又通行沿海縣營如有夷船竄至該管無論內洋外洋均將附近各船暫禁出口必俟夷船遠遁始許口內開船其平時出入漁舟逐一查驗只許帶一日之糧不得多攜食物若銀兩洋錢尤不許隨帶出口庶少接濟購買之弊至大黃茶葉二物固屬外夷要需惟臣等歷查向來大黃出口多者不過一千擔絲每人所用無幾隨身皆可收藏且尚非必不可無之物不值爲之厲禁惟茶葉歷年所銷自三十餘萬擔至五十餘萬擔不等現在議立公所酌中定制不許各夷逾額多運即爲節制之方然第一要義尤在沿海各口查拿偷販出洋否則正税徒虧而漏卮依然莫塞是以制馭之道惟貴平允

不偏始不至轉生他弊若謂他國買同之後難保不轉賣英夷此即內地行鋪互售尚難家至日見而況其在域外乎要知英夷平日廣收厚積本有長袖善舞之名其分賣他夷獨牟餘利乃該夷之慣技今斷絕貿易之後即使從他夷轉售一二亦已忍垢蒙恥多喫暗虧譬如大賈殷商一旦僅開子店寄人籬下已覺難堪惟操縱有方備防無懈則原奏所謂該夷當畏懼而求我者將於是乎在矣至於備火船練鄉勇募善泅之人則臣等自上年至今皆經籌商辦理惟待相機而動即各山淡水上年本已派弁守之始則夷船以布帆兜接雨水幾於不能救渴繼而覓諸山麓隨處汲取不窮則已守不勝守似毋庸議總之馭夷法宜剛柔互用不必視之太重亦未便視之太輕與其涇渭不分轉致無所忌憚曷若薰蕕有別俾皆就我範圍而且用諸國則不啻毆魚此際機宜不敢不慎況所杜絕者惟在鴉片即原奏亦云凡有夾

帶鴉片夷船無論何國不准通商則不帶鴉片者仍皆准予通商亦已明甚彼各國夷人原難保其始終不帶若果查出夾帶應即治以新例不但絕其經商如其無之自不在峻拒之例也又另片請將澳門西洋貿易定以限制查上年臣林則徐先已會同前督臣鄧廷楨節次議及嗣經核定章程諭澳門同知轉飭西洋夷目遵照即如茶葉一項每歲連箱准給五十萬觔仍以三年通融併計以示酌中之道其他分條列款該夷均已遵行至所請責令澳夷代英夷保結一節現既不准英夷貿易自可毋庸置議

夷氛聞紀卷一終

夷氛聞記卷二

英市禁絶以後貨續至不下三十艘皆阻於義律不得入咸怨義律計事冒昧義律以國信至未有期而外洋風潮可畏又懼釁開自己見衆情携貳遂更爲婉詞自陳奉國命來粤司理本念實欲安靜無事今事勢至此心緒殊多憂慮請此後一照　大清律辦理而彼亦得無違其國法且仍許率諸商還澳一得國信即開艙貿易詞頗婉順則徐以新奉

嚴旨不敢驟有更張峻詞拒之其船遂駛出老萬山外者半然尚覬望不肯去濱海村落初尚利夷厚值接濟其食用及是以則徐出駐海澨罔避風雪暑雨辛勤籌辦羣知感愧相戒無復私售惟無籍游民或潛越他港運出牛豕米石五倍其值難之而卒不能不就漢奸初爲所誘互引儔類日接踵以出至是感則徐誠悃不敢自外續往者亦少矣時則徐已留督兩廣而調廷楨兩江尋改閩浙林公自越華院將遷入節署謂予曰我占

諸生肄業地殊抱不安予日公以粵事來諸生望之久矣何歉爲既還同事六人詣謁會客至留予刺使俟之及見公慨然日任大責重矣何以處此予日海事公所優爲無待芻蕘之獻然公初至集思廣益自可執而用之近則條陳者多而愈足以亂人耳目此後但以夷情來者見之耳公首肯予因言公既受節鉞從此地方利病似可訪其重且大者施行之庶不負百姓之望因舉桑園圍帑息備歲修資者爲目前首要請飭查本項令擇紳擔修之公越日即以所查見示先是予撰粵海關志成已繕紅本將次繕海防彙覽林公謂且少緩俟此次海禁事竣增入則徐以數卷遂停筆待之迨夷難作不復及此矣

舟師出洋不能如夷船帆礟之得手令水師不必在洋攻剿但固守口岸籓籬備火船乘月黑潮退出其

不意分起潛出乘上風攻其首尾火器皆從桅擲下又招募漁蛋蓋以兵弁潛伏島嶼隨時挈小船攻撲先鍊釘夷船四旁使受火一時難脫重給賞資與兵勇約法七章訓練既嫺人知運用踴躍爭先

七章一　夷兵船雖長若干丈爾等不必看得他長雖有大礮若干門爾等不必畏他礮多而大蓋夷礮惟在兩旁我師只要攻其頭尾譬如頭南尾北有北風則攻尾有南風則攻頭若頭東尾西亦以東風攻頭西風攻尾既佔上風又避礮火再兼察看潮勢取其順潮則得勝必矣夷船喫水多者二丈餘少亦丈餘我船喫水不過數尺自遠處繞轉必能佔其上風若攻頭則必先打其頭鼻攻尾則必先打其後艙後艙有玻璃者乃其

帶兵大官所任火藥等物皆在焉此處叠攻必破破則火藥自發其舵雖有銅包但是生銅礮打可斷舵斷舜漸漸則全船皆無主宰且船內拉篷之人前後最多若經幾礮轟打下海則船上無人不能自動即大礮皆為我得矣一駛近夷船頭尾則我船俱須分左右翼如鴈翅形斜向船頭撲攏船尾擺開方能裝得多船且火器不致悞擲自家幫內譬如夷船頭東尾西我船乘西風攻尾則近左者船頭應向東南其近右者船頭應向東北大家都用斜勢則礮火無非擊在夷船不致反擊自己其餘俱可類推此惟在乎舵工轉舵之得力巧者快者加賞數倍並將所得夷船上銀錢鐘表呢羽等物以雙分給予舵工若臨時悞事當進不進當轉不轉即將舵工斬首示衆一礮火能及之處即先開礮至鳥鎗可及便兼開鎗迫噴筒火礶能及則隨便用之多多益善總須擲到夷船不致悞擲本船為要其桅上拋火礶之法應擇兩人頭

載竹盔胸前遮小籐牌繫繩於背其腰仍帶雙刀並繫火繩一人上頭桅一人上二桅皆上至頂與蓬齊爲止其下每桅兩人拉滑車將竹簍所裝火礶用力拉上其桅頂之人即用火繩點着火礶隨點隨放此簍放完彼簍又上總使夷船上應接不暇且桅上拋礶而船頭仍須多放噴筒如此絡繹不絕則夷船被燬必矣即使船未至燬而火勢既猛夷人必站不住我師定可乘勢過船既過之後則火礶噴筒皆停止不用一兵勇過船遇夷人便用刀砍其首級留在隨後統算不可急獻首級轉悞要事除砍夷人外其船內最要之物莫如柁車纜蓬桅纜鼻頭纜能將各纜全行砍斷則船已爲我有又何患銀錢貨物之不我有哉凡得一夷船所有過船之人應將船上銀貨一律盡行分給並別須重賞總不許於船內先行搶貨轉悞殺賊工夫違者照軍法懲辦一我船斜向攻擊夷船頭尾太抵以四角分計每角拖船至多不過容

四隻其大者不過容三隻即四角合攻亦不過用十二船至十六船攻擊夷船一隻此外即有多船亦可分擊他船不必聚在一處轉致淩亂若有時必須多船齊攻應聽帶兵將官號令或有時前隊船斜攻已久未見得手則應暫令休息後隊仍由斜向攏上但須聽帶兵官號令方准調換不得擅自退息違者立斬一瓜皮小艇應雇三十隻上裝乾草松明擦油蔴斤配火藥十之一二用草繩綑住上蓋葵蒲船之頭尾各用五尺長小鐵鍊一二條以鐵鐶繫定其一頭拴大鐵釘長七八寸其末須極鋭利船上置大鐵鎚二把使善泅者二三四人皆半身在水半身靠在船旁挾槳以行妙在甚低夷舡礮火所不能及一經攏近夷船無論首尾兩旁皆可貼緊敲釘將火船釘在夷船木上將火點着燃起其人即泅水走開縱有極大夷船有此火船十餘隻釘住焚燒亦無不燬之理况上面有火礶噴筒中間有壯勇爬桅過船下面又

有火燒該夷三層受敵抵當此一層不暇兼顧彼一層安有不援首於我者乎一破敵首重膽氣膽大氣盛者必勝况此次殺一白夷賞二百員黑夷半之生擒者視其人之貴賤格外倍賞是殺得十夷即得千員殺得百夷即得萬員再多者並可得官何等快樂即或陣亡亦可得二百員賞恤各宜拚命奮勇立功邀賞如有臨陣退後即刻斬首懸竿示衆 按第六條小火船用鐵釘釘夷船之法本出鄭芝龍崇禎十二年廣督熊文燦檄芝龍拒呂宋郎必即哩哥夾板船於湄州外洋病夾板堅厚無所施力乃選能下水者五六十人駕小漁舟七八人腰背大竹筒二以麻棕灌油並硝磺引火物實小船中撥棹直冲夾板將斧釘定發火人跳水回大船夾板舩高礮遠一時被火燬五船而遁林公生長於其地見聞有自非臆說也

二十年正月遊擊馬辰分四路攻於長沙灣燬內

地濟夷運私船二十有二奸民焚死縛獻有差金星門亦以二舟師驅火船進逼會風轉窩拉尼兵船遣三板攏撥火船近岸延及岸旁小艇與他國底威爾三板頭桅英國哥哇支麻里船皇遽開避膠淺倖免夜再以火船出亦緣風潮不順而返五月初九夜我火船燒其三板二於磨刀外洋夷船中火斷椗而逸是時夷兵大小十二船輪船三先後入泊金星門十四日令火船十艘每二艘連以鐵索乘潮威攻之夷

船亦以三板撐拒我兵遂趣過其特威爾船殺水手泗水而返先是上年九月中國禁市之令先聞於印度已傳知其蘭崙國都有茶葉者皆屯積居奇銀價又再長如初聞繳烟時追議出兵黑綠茶驟如上茶值矣義律請兵文亦隨至國女王與其巴麓滿衙門及甘文好司諸酋議僉以非兵爭不可顧通國商民皆不欲啟釁東粵且用兵勢將加税也議數日不決律士丹乃公上條陳謂貿易之停起於鴉片之犯禁

中國之禁既派有專官原非向日有名無實者比至謂拘留我使不知義律原不足稱使者其在粵止一時代理卑吏何能聽彼言致累通國正貨乎請先將鴉片停止自正本源然後可對中國蘭頓新聞紙內載云律士丹合衆一稟講論中國停止貿易皆由鴉片犯禁起見請國王將鴉片貿易停止中國人禁止鴉片係為風俗政事稅餉外國人即應遵其法律而行現在衆人皆說中國官府受規不管禁止有名無實又說中國拘禁我等使者殊不思受規乃官府之事而 朝廷一知立即究辦安得說禁止有名無實況義律並非使者不過係代理人而已若按英國律例即應按各客商所有之鴉片更加三倍罰銀今中國不過只將其

鴉片收繳而已然因致累我國正經貿易亦受虧缺所以不能任人再賣 國王是之因懸重賞募能者籌設章程代擬斷絕鴉片文告曉示出產屬地終以衆喙洶洶人持一見隨以求和爭戰兩事諮其所事羅占土神祠閣卜將決爲得戰閣三於是專意稱兵命其國戚伯麥率守國水兵船十餘艘合以印度駐防兵船數十聯䑸來粵敵行未旬日而印度兵目馬哈他尋病死還軍待易將旋代以布爾

順德有周彥才者少商於越南因其地無賴淘金利沙者人多失食掠及行賈彥才使商客抽貲募勇

衛之往還關外者安爲曾阮王爭國招以爲助既得
國官彥才總兵理錢鈔事嘉慶中英夷以收風償爲
名欲窺越南馬頭泊兵船港口王令彥才出與語折
還負貲夷目知彥才籍粵東相約旋籍至省夷館與
結納其夷目即數年前駛舟山東咸京刻印通商字
說爲沿海截擊者也未幾彥才老倦旋粵詣之夷以
彥才熟越南風土欲予以貲使返越南約舊王宗戚
爲亂而逼夷船以應彥才拒其貲權詞答而緩之及
粵東夷事起彥才仍詣其舟是春即知印度夷兵必
以七月至偶爲予言予已寄言於林公請早爲備至
是秋仲無耗林公使予招致詢以夷不果至之由彥
才揄指計其期日仍決其早晚必至去越二日來則
以兵目死於印度海今已易人往返遷延來不出十
一月爲言蓋再探於夷而知之也予疑信間以復林
公其冬夷船果大至始信其不妄夷每至一船必具
文赴官報時林公欲遣海舟與夷戰有繪子母舟獻

者貼說謂一大舟中藏十小舟但伏兵破於小者使敵但見大舟臨時則小舟四出圍燬敵舟此越南於富良江敗走英夷七艘成法也林公又屬閩之彥才答以是役身在行間越南製獨木舟銳其首尾鐵以利鐵令善水者歷舟底而以大舟插旗水面英夷見旁無策應亟進甫及舟而十小舟遽浮水出環攻之立敗非藏於舟腹機動可橫出也林公是其言

又英夷至天津陳訴義律不列名文但稱統領本國水師主帥子爵巴兒兔協同本國陸路統領總兵官布爾利益巴兒兔郎伯麥先與馬哈他同發馬哈他死伯麥亦還候代者故與布爾利同至粵同往天津其在定海與王知縣書則云水師將軍爵子伯麥陸路統領總兵官布爾官同名異意其一人兩名也　其國甘文好司綜理國事

者於兵行日預下令諸將至粵用兵無驟勝理亦不

必遽求得志宜挨延日月使中國苦於費繁擾久在
在厥兵庶可望如所願誠以航海遠出不易慮諸將
苟且蕆事墮中國計中也則徐自奉斷英市首防偷
漏更定澳夷茶葉歲市之數責諸夷毋聽英夷假借
船號毋代運出入貨物計米利堅佛蘭西之在粤者
既以阻貿易故氣各不平相與切齒方欲歸國招兵
來與爭論斷不直英夷所爲而俄羅斯廓爾喀舊奉
本朝冠帶並與英印度屬地爲鄰挾有夙怨上年英

取阿付顏尼俄夷出兵助其恢復攻巴社即用英旂來粵之港脚以撼印度襲取其機洼木咍臘二城與英南北止隔一山山名興哥都士血戰未息英夷常慮其乘間襲己又慮其効勞中國凡俄夷有出邊界者即羣相驚訝以爲人

中朝請兵彼此切切探報廓夷雖力不如俄而倚中國與英爲難之意無時或已語詳下則徐悉偵知之英屬孟阿臘爲東印度孟邁爲南印度痕都斯坦爲中印度巴社白頭國爲西印度阿付尼顏在痕都南道光

十九年與沙蘇野相攻沙王求援於英七月起孟阿臘孟遜痕都三部兵將以副目沙機尼以天礟破阿夷加模爾牙尼士二城留兵爲沙夷守阿王退保麻緬亦求援於俄攻巴社英帥律屋蘭救之俄爲所拒以收逃僕爲名襲取巴屬機注木哈臘二部乘勝取沙屬亥部斯麻爾格模特敌三部駐兵荷薩士阿接英界習印度言語購齎導以圖印度英亦駐阿界備之議還阿王於故城自蔽而息俄夷之忌故二十年英夷嘗寄國商之在澳門者云俄羅斯約木哈臘同取阿付顏尼以攻印度我兵頭沙阿力山及馬約里治欒之前俄與巴社立約欲收阿付亦爲我兵頭律屋蘭所拒俄不知要到何地方肯任手現聞其使者巳自比特草起程由韃韃里到中國必慫恿中國與英爭鬪辯欲求論緬甸人來攻今必要與防備我徼兵俄必攻阿付矣我兵若收沙屬三部俄兵與木哈臘兵來夾攻我兵恐擾亂而回宜先頭備料英

內顧輙生疑慮且聞其遠來兵費綦重鴉片減值而售成本不敷盡供軍用禮拜日集夷商勸捐有僅出數員者决其勢近窮蹙與天培定議嚴防要隘全力剿辦俟其悔禍誠求得操縱自我庶幾一勞永逸令洋商出資茶抽分積項並鹽局商人潮州客民分捐銀項募水勇五千橫鐵鍊木排於虎門橫檔鄧公已委保純辦成排鍊爲風飄散至是復之購西洋礮二百具雇同安米艇紅單拖風船六十製火舟小舟倍之買甘米力治夷船便

兵士演習攻剿躬出獅子洋校閱懸賞格令殺白夷
一賞銀二百黑夷半之義律二萬領兵夷目數遞降
有差獲夷艘者錢物盡以充賞凡夷船可人之海口
皆增駐重兵夷見賞重漢奸之受雇在船者慮就購
爲內應時滋疑忌旋遣散去夷船盤旋洋外知要口
無隙可乘坐待非計遽駛三十一艘赴浙江矣則徐
初但知其兵資貨爲餉先停市易次嚴接濟以爲不
久將失食自歸固不料義律竟能請動國款蓄意大

舉入寇然事前亦移會閩海江浙使各刻意防其舍
粵他犯江浙大吏以事出過慮未盡信也赴浙之船
經福建便道駛五船突攻廈門提督陳階平在病廷
楨亟出駐泉州檄金廈道劉耀椿就舊礮臺纍沙爲
垣率兵駐守礮擊其火藥艙沈兵船一分裝水勇數
百人如商人舟者八護以師船三遇其希爾拉士船
於南澳港之西北打魚洞中擊近其右後梢火槍齊
發值海天波平無風夷舟重不能轉船主穰西不知

兵至疑海賊誘刼亦急呼發鎗回拒彈子及師舟盡爲皮席遮隔我兵匿跡席內外視甚明所擊悉中繼擲火礶燃噴筒倒斃夷兵數十風起始拽帆颺去六月夷全䑸齊至定海致書總兵張朝發知縣姚懷祥欲假縣地劄兵岸上語極狂悖初七日朝發與接仗兵多傷兵船亦被擊而沉潰不能守越日城破懷祥投水死典史全福繼之鎮標將備相將趨入鎮海巡撫烏爾恭額聞夷將至先調湖州紹興兵赴援預檄

寧波知府鄧廷彩相鎮海通內要口備鐵鍊木排保
護防其罙入一時均未得就相顧束手奏入嚴議提
督祝廷彪恭額罪
詔提督余步雲馳赴堵禦七月以兩江總督伊里布
爲
欽差大臣赴浙
敕沿海督撫遇夷投書許收受馳奏初當事者以夷
裔意在急圖售私稍加懲創即無能爲當可畏而就

範迨定海失事慮隔海孺非舟師不能收復承平久武備廢弛可知恐其更肆猖獗勢滋延蔓會外間有粵中繳烟時先許以值後負而激成之語都中畧聞之林公至粵居越華書院洋行總散各商僑寓其側備日夜傳訊發律呈繳稟至夜傳總商入見責以汝爲官商倘有私許夷人以價而後設法賠補事慎汝腦袋總商叩首力言不敢而出蓋是時粵人紛紛疑夷人居奇之物不數日而呈繳淨盡意行商必許以事後給價及聞公言畏得罪不能不負約以自保不服復計夷怨而夷已稟繳無及然語皆出揣測事秘固無顯據也適澳夷代求釋前獲夷俘不許先是獲一夷目有以爲即伯麥者時欲奏設一道於澳門先令易守中孚出駐

西洋夷官待以酒食請代求釋所俘留粤夷船忽焚至省爲林公正詞詰責廢然而返一澳門後逼香山之關閘前山營都司實守此率兵出且拒且撲滅餘火礮傷其夷目及夷兵數十沉其小舟十六日則徐偵知士密兵船五泊磨刀洋令副將陳連升率馬辰率五兵船各配六百人往逐之辰先與遇乘風破其頭鼻夷多溺鉛彈亦盡小夷舟十亟駛來救圍辰船仰攻礮及木排辰開子母礮斷其繩纜不能進士密船乘戰酣遁以捷

聞奉有貪功啟釁
嚴旨則徐惶懼遂力陳六月後粵海防範情形請戴
罪赴浙竭力圖克復不報奏云竊臣奏報拏獲鴉片
烟犯摺內欽奉硃批
外而斷絕通商幷未斷絕內而查拏犯法亦未能淨
無非空言搪塞不但終無實際反生出許多波瀾思
之曷勝憤懣看汝以何詞對朕也欽此臣跪誦之下
伏地碰頭愧懼悚惶莫能言喻伏思上年徵臣奉
命來粵查辦禁烟先蒙頒給欽差關防繼復
簡調兩廣總督責成之重委任之專臣何人斯
膺茲倚畀敢不殫竭愚慮以冀永臻成效仰答高厚
乃爲時已閱年餘而鴉片未盡除夷船別經遠竄雖
異數難延殘喘而淺謀未策萬全夙夜循思時懷憤
愧茲蒙訓飭感悚尤深自慚庸質駑駘實無詞

以對 君父惟有仰求 聖主將臣從重治罪以敵無能不勝戰慓摒擋之至所有微臣惶悚下忱謹縮摺內具奏為臣渥受厚恩天良難昧每念一身之獲咎猶小而國體之攸關正大不敢不以見聞所及為 皇上陳之查此次英逆所憾在粵省而泝擾乃在浙省頑變若出意外而其窮蹙正在意中蓋英夷所不肯灰心者以鴉片獲利之重每歲易換紋銀出洋數千萬兩若在粵得以復興舊業何必遠赴浙洋現聞定海一帶大張招帖每鴉片一斤只賣洋錢一元豈即該國孟阿拉等處出產之區尚且不敷成本其所以甘虧者急於寬銷或云以充食用或云以給雇資并聞其在洋夷各坐貨船雇兵而來費用之繁日以數萬金即礮子火藥亦未能日久支持窮蹙之形已可概見夫夷人向來逆冬以毡為暖不着皮衣其素性然也浙省地寒勢不能忍受現有夷信到粵言定海陰濕之氣病死者甚多大抵朔風盛發

自然搶去舟山洋場帆南竄而各國夷商之在粤省自六月以來貿易爲英夷所阻俱各氣忿不平均欲由該國派來兵船與之講理是該逆現有進退維艱之勢能不內怯於心惟其虛驕性成愈顯其桀驁試其恫喝亦且别生秘計冀陰售其奸如一切皆不得行仍必帖然俛伏臣前屢經體驗頗悉其情即此時不必與定海交鋒而第困守藩籬即可使之自困夫自古苗頑逆命初無梗於堯舜之朝我 皇上以堯舜之治治中外知鴉片之爲害甚於洪水猛獸即堯舜在今日亦不得不爲驅除聖人執法懲辦實爲天下萬世計而天下萬世之人亦斷無以鴉片爲不必禁之理若謂夷兵之來係由禁烟而起則彼之以鴉片入內地者早已包藏禍心發之於此時與發之於異日其輕重必有别矣臣愚以爲鴉片之流毒於內地猶癰疽之流毒於人身也癰疽生則以漸而成膿鴉片來則以漸而成癮原屬意計中若在數十年

前查辦其時吸者尚少禁令易行猶未成癮之癖內
毒尚可解散今則流毒已久譬如癖作痛不得不為
亟拔癮而英夷滋擾浙洋即與潰癮無異然潰癮而
後疾去果其如法醫治托裡扶元待至癮盡之時自
然結痂收口若因腫痛則別籌消散萬一毒邪內伏
誠恐患成瘰癧矣溯查辦鴉片以來幸賴 乾斷
嚴明 天威震叠躉船二萬餘箱之繳英夷領事
義律自行遞稟求收現有奸夷原字可查亦有夷印
封可驗繼而在虎門燬化烟土先期出示准令夷人
觀看可縱時來觀之夷有撰為文數千言以紀其事者
大意謂 天朝法令足服人心夷書中具載其文諒
外域盡能傳誦迨後各國來船遵具切結寫明如有
夾帶鴉片者人即正法貨盡繳官以夷字合為一紙
查驗他國夷船皆已絕無鴉片唯英夷不遵國法且
肆鴟張是以轉奉 諭旨斷其貿易然未有浙江
滋擾之事或尚可以仰懇 恩施今既攻佔城池

戕害文武逆情顯著中外咸已聞之難許曠日持久
設法羈縻抑知夷性無厭一步又進一步若使咸不
能克即恐患無已時且他國效尤更不可不慮臣之
愚昧務思上崇國體下懾夷情實不敢稍存游移之
見也即以船礮而論本爲防海必需之物雖一時難
以料辦必爲長久之計亦不得不先事籌維且廣東
利在通商自道光元年至今粵海關已徵銀三千餘
萬兩收其利者必須防其害若前此以關稅十分之
一製礮造船何至尚形棘手臣節次伏讀 諭旨
以稅銀有何計較仰見 聖主外本内末不言有
無誠足昭垂奕禩粵東關稅既比他省豐饒則以通
變爲防夷之用從此製礮必求極利製船必求極堅
似經費可以酌籌即裨益實非淺鮮矣臣於夷務辦
理不善正在嚴請治罪何敢再獻芻蕘然有裨國家
須頂踵捐糜不敢自惜倘格外 天恩寬其一線
或令前赴浙省隨營効力以贖前愆臣必當殫竭血

誠以圖克復至東省各處隘口防堵加嚴察看現已
在情形逆夷似無可乘之隙藉甚仰慰　宸懷
命侍郎黃爵滋祁雋藻赴福建查勘廷楨軍實並籌
畫防守事是月伯麥偕義律駛五商舟兵往未敢以赴天
津陳訴　奏云英吉利國臣統領本國水師　主師子爵
巴兒免多謹呈　天朝大清國　大皇帝
駕下竊巴兒免多現奉敝國王命協同本國陸路統
領總兵官布爾利帶領水陸軍兵戰船前來　貴國
緣爲去年本國之正領事官義律暨來　貴國貿易
之商民竟被廣東　欽差林鄧總督凌辱無道以
衆欺寡併從一向敝國之商民到廣東被該省大憲
等欺壓無辜爲此奉命前來　上訴惟思船多兵
衆夫用兵必須水陸擇地護船安營是爲首要之機
孰思　貴國各直省大憲以爲業已封港不過貿易

决不納言不肯接呈代奏準有相拒之勢此即必彼此相鬭因此不得不直登定海俾得各船安營有所倚去年林 欽差到廣不幾日首先將西洋各國人用水陸官兵圍困在省城寓行之內立即封艙連日不准出入兼絶伙食勒繳在洋面停泊船內之烟土又言限日盡繳否則要斬要殺如於限內繳出則仍前交易買賣也切思 貴國新例禁買禁賣烟土但旣已禁絶無人敢買則西洋人亦必不再來即有惡人帶來亦無人敢買然則帶來何益且去年所繳之烟土係在洋面並非起運入內地而外國商人亦萬萬不能運得入港也奈林鄧二憲勒繳而英國商人等如不繳卽不受殺亦要餓死雖不懼殺而飢渴難當只得含恨忍氣以繳之然後再酌議論詎料已繳之後忽又要具結稱如有嗣後查出船內夾帶烟土卽將貨物全行入官其領事人卽正法等語但查犯禁貨物入官其領事人連船逐出不准交易此例

西洋各國古今通行惟正法係西洋古今無殺頭之
刑況且船多人衆萬一遇有一二水手不肖私自夾
帶不拘多少豈不累人貨物入官而人亦受殺戮之
慘即因此正領事官義律暨諸客商皆不肯具此結
之原委也林鄧二憲因前事不服衆未得具結即着
封港不准交易切思英國荷蒙通商已來百十餘年
於貿易買賣塲中豈無賒欠通融今計 貴國洋行
商人前後共欠已有數百萬兩之多一旦封港不獨
不能貿易又壞了到廣東船內之貨物不勝枚舉英
國商人所失之本何可勝言且封港之後林鄧二憲
曾與義律商允具結嗣後貨船到廣任從查搜如無
夾帶烟土方准入口否則逐回不准貿易奈林鄧二
憲前言不對後語反覆無常忽然改變仍執前議具
甘受正法之結也後來義律等另有求商事體遞呈
奈林鄧二憲絶不肯收即去年封港後適有英國兵
船廵海到廣洋面該船之總兵官遞呈係請詢封港

之由以爲開解柰二寇仍不獨不肯收呈更又命水師提督帶領水師官兵前來相拒是以不得不還礮相疑矣去年林鄧二寇禁止買辦不准供辦伙食之後有吕宋貨船一隻與英國船隻同泊洋面正欲同帆之際適其船内人過來英船探望即或隨送些少食物林鄧二寇竟言吕來人不應與英船人往來不應送食物竟用奸計命人於黑夜之中將吕宋船隻燒燬幷傷斃三人可憐該船無辜受此慘害神人共憤切思歐羅巴洲各國即大國小邦帝國王邦無分統屬吕宋國與英國火湘相蓋非親即故今同在異邦客地過船探候即或送些伙食亦係人情之常事且歐羅巴洲與亞細亞洲相隔九萬餘里不獨無分統屬而且只有西洋船隻到中華而中華船隻萬萬不能到西洋今林鄧二寇係中國之官在廣東止可管中國廣東事豈能管到西洋耶今大英國主仁慈憐念吕宋船人無辜受此慘苦即命如數賠其銀兩

但未審林鄧二憲將此事如何奏報又出其國巴厘滿衙門寄我宰相書要求六事一索貨價二求廣州厦門福州定海上海爲市埠三欲敵體平行四索犒軍費五不得以外洋販烟船貽累岸商六請盡裁洋商浮費後就款時則并商裁之益英夷不知粵商情形故逕請裁汰義律則久於粵目覩諸商富家不敢爲是言但思成費而已直隸總督琦善以聞天津巡道陸建瀛議以夷所請前三事頗有關度支國體今當以免稅代烟價畢仍照征輸以澳門爲

市埠西洋澳夷必以其遍處不服然澳前原有望厦等地可於此建樓椗泊西洋領船入泊娘媽角兩不相混且義律亦嘗以是請當可塞其口但地遠難以彈壓在澳曾不如在省也以監督與平行後三事所關尚小應令其還粵就則徐定議總以烟之絕不絕爲所請之許不許示中國禁令始終如一也琦善不能用故不復與夷辨論但以現在夷情奏又令奸民鮑鵬無名氏覘海記作白如鵬意其畏罪而改名也今據案牘復書夷目稱以公使謂上年繳烟必有曲折將來欽派大臣往粵查辦不難水落石出婉詞慰之牖以

牛酒時競傳如鵬至夷船授意使請已赴粵者見無
名氏冦海記不知其據或出自鵬私意而已
詔草則徐廷楨職令俱在粵候勘而
命琦善馳驛至粵代其任
敕沿洋各省遇回粵夷船且勿開礮夷目㖿據縣印
在定海欲徵糧署吏縣人苦之諸夷見雖邀准查辦
而六事尚未切實許允八月自天津辭琦善先駛還
粵止半撤其泊定兵船留者擾地方如故九月義律
道經浙鎮海城見伊里布請釋餘姚令汪仲洋先設

伏漁舟陷夷淺沙所誘執之夷目咢德等數十伊里布謂定海見未繳復不許仍如天津故事饋遺伯麥年酒伯麥報以呢疋暫收以安其心奏奉諭旨發還夷不復肯收下年二月收定海欲弁夷俘及原物還之夷已開行矣無名氏夷艘冠海記云伊里布遣其奴張喜赴夷船餽牛酒首賀以林鄧革職之事夷酋伯麥搖首曰林公但是中國好總督有血性有才氣但不悉外國情形耳鴉片可斷一切貿易不可斷斷則我國無以爲生不得不全力以爭通商豈仇林總督而來耶此與澳門月報所云中國官府不知外國政事又不詢問考求惟林總督行事全與相反署中養有善譯之人指點洋商通事引水二三十位官府四處探聽按日呈

遥有他國討好將英吉利賷貢與中國林係聰明好
人不辭辛苦等語相符至云鴉片可斷不能斷通國
貿易皆彼國所常言又供稱喜與陳志剛同賞與物
夷回洋呢奉　旨發還姑無論記中語有據否要
在理中也至語及林鄧草職不過　山東巡撫托渾布
斷役不請大體之言無與伊相矣
亦有觭遺並以夷情恭順奏綠是浙亦效焉皆羈縻
意也　奏有各夷向岸羅拜語英夷惟事天行跪禮餘
見其王不跪冠海記據叅揖以敬之然羅拜非
必跪當時或免冠拱謝耳夷在
粤亦往往有學內地作揖者　十月琦善至粤城因
伯麥之在天津語近乞憐膚訴誤以夷性尚易馴伏
未度嶺蓄先赴虎門定約而後入城懲辦積弊意以

爲不過稍給烟値仍許貿易夷必俯首聽指揮所事易了或語以監督署規歲餘之數極爲充裕可勸監督籌出六百萬員舉其二三年所入償夷應公徐代請奬叙留権資其彌補者及抵粤途次始病夷恃有

查辦

恩命求索無厭轉多窒碍不可行事方思有以折其貪而慰其望兼釋其怨也偶以所聞粤關盈餘質之怡良至是乃知津貼酬應外餘存無幾然後嘆事有

棘手既又自以專辦海日無與他人一切不復商諸
巡撫卽司道以下非召不得入謁時夷船候於粵諸
省海防兵皆撤歸伍粵兵船還至半途出不意爲夷
擄怡良以
聞琦善慮妨和議不欲深究首詰關礮肇釁者將罪
副將以謝夷兵心由是解體又中於夷言謂英王嘗
投書求通商爲則徐所拒匿不以奏欲證成於怡良
怡良以事屬子虛爲正言而止葢兩年來怡良深服

則徐正大料事如見故言無不聽又嘗爲姚文僖公
舊堂屬其子衡方在幕爲則徐所禮亦力爭之琦善
終無以奪義律初請繳烟再開實數夷稟具在節次
批發並揭示於外紳民皆知至役守夷館又懲義律
攜商逃出之故層遞辦理皆正無所指摘但散遣其
舊雇丁勇數千橫檔前後備拒夷船之水底暗樁悉
如夷意裁之將欲促其早就範圍釁卒消弭也鮑鵬
者香山人幼習夷言投身爲顛地孥童義律已見而

輕之待如奴僕而寄以耳目烟禁既嚴畏廷楨拘懲則逃之京依其同鄉因轉依南海作令山東之招子庸適琦善覓通夷語者鵬由是被薦琦善喜其與夷押較銜官倍得力也一切往來文牘口傳皆倚任爲因而內地情形意見悉爲所洩所裁去之船椿丁勇亦鵬歸述夷意謂非是必乖和議不得已強從之則徐之募勇也擇海濱漁蛋鬬狠亡命之徒熟悉沙礁險隘向爲夷所憚者一旦裁使失業相與徬徨口岸

夷專倚奸目二人轉相煽引盡出而應夷招內外海口水道淺深避就夷非引水無從諳悉者至是亦為所洩義律知內防既懈復投書有多增兵勇來敵即和不成語以挾之與鵬所口述符計無所出且已裁之勇不復可招而集諸營兵亦緣是不復再調先是廷楨自閩解任至值夷堅索埠地琦善以閩之廈門粵之香港就廷楨商二地所與廷楨曰廈門全閩門戶夷居廈門可以窺內地且澎湖臺灣之在廈東者

聲勢爲所隔絶不得聯絡其害至深固萬無許理即
香港亦在粤洋中路之中外環尖沙嘴裙帶二嶼夷
船常藉以避風浪垂涎久矣今一朝給與彼必築建
礮臺始猶自衛繼且入而窺伺廣東貨船鱗泊黄埔
轆轤在焉其白黑夷之居夷館者以千百計皆香港
應也與之良非所便琦善亦無以奪已奏
闕矣至是進退無策思借商議和欵往還論説暫緩
時日義律已窺見其情所請更日有加增而求香港

意愈堅天培密請添兵守虎門琦善慮夷知而有詞也峻拒不許而允償烟價至七百萬員終無成議律不俟回文突攻沙角大角礮臺二臺在虎門鎮遠威遠靖遠橫檔八臺外所恃爲第一重保障也三江協副將陳連升以六百兵拒大角前夷船駛至二十餘驅漢奸二千餘人扒越後山夾攻從墻缺入臺背中於地雷斃賊百餘後至者蜂擁而登我兵猶奮力拒戰以扛礮殲賊二三百而火藥垂盡矣橫檔以下

諸臺僅足自保地與兩臺隔增兵運藥必以舟渡而前後已扼於夷既無生力可繼藥盡礮亦空設已束手待斃故當時夷尚能以餘力駛輪船三板遶出三門口焚我戰艦潰我營兵諸臺兵瞪目望見勢不能救頓足相呼而無可如何大角兵房延燬殆盡守臺千總蔡志安負傷督兵盡取臺上堪用礮推而墮諸海防夷奪運反身跳圍而出沙角臺隔水相對爲穿鼻灣夷衆闌入先焚草棚亦越後山至四面受敵連

升急發大礮夷稍卻我兵無藥礮不復發發者又以
省局攙雜炭屑力弱無濟賊彈箭迸落如雨身無完
膚其子方在側見父死狀挺戟大呼左右躍殺數夷
袍皆血染與千總張清齡等同時死先是議欵戒毋
擊海口登岸夷前二夕村民報賽夷衆登而聚觀連
升嘆曰臺不可守矣夷能登岸即能越山咫尺已及
我後謂清齡曰觀汝才氣可大用盍留汝身圖他日
報効乎語至再清齡誓同死不移連升乃顧其子曰

予久不食肉矣汝盍往太平墟爲市之子知其父意
欲出而生之也亦不行至是皆及於難陳公有馬甚
神駿絕愛之既殉節夷牽馬不行騾驅至香港飼之不食鞭而復
飼則哀鳴淒慘卒以餓死有圖而題之者一時題詠
甚多夷入據兩臺自此遂與我逼十二月十五日事也
琦制府二十年十二月十八日奏云竊奴才前奏英
夷不候回文直擊破臺師船尚在彼此相持無分勝
負係據水師提臣關天培函報馳奏旋又接准該提
臣函稱該夷即於本月十五日復馳來大小兵船二
十餘隻分攻沙角礮臺大角礮臺礮火較前倍增直
至申時方息隨查得大角礮臺前面灰沙礮墻已被
打倒數段至後圍墻亦被打壞數處又打斷礮耳六
位火藥局亦被打穿火藥轟發藥局被燒并延燒兵

房十四間打倒兵房三間該夷又另撥夷兵漢奸約數百名由大角山後緣山而上後墻缺處打進礮臺經陸路官兵打死漢奸十數名無如衆寡不敵守臺千總黎志安身受重傷因恐礮位被其撤去當督臺兵將好礮十四位推落海內負傷打出衆夷均亦回船僅存破爛空臺此大角礮臺之大略也又沙角礮臺於被破之際該夷另撥黑夷一千餘名漢奸數百名由穿鼻灣登岸兵船則攻打臺而黑夷即從山後攻奪陸路營盤被飛礮落火延燒各兵草棚接仗一時之久我兵兩面受敵遂致不支副將陳連升守臺千總張清鶴俱已陣亡守備程步韓受傷亦重兵丁死傷過半礮臺遂爲夷目義律所奪此沙角礮臺之大畧也又守口師船十隻先經該夷開放火輪船四隻於是日巳刻進攻已被我師擊退各有受傷該火輪船隻復糾約大小三板船數十隻續來攻擊其三板船中全用鳥鎗火箭火礶等械其火輪船均用空

心飛礮鐵彈打落船中即行炸裂內藏有火藥炸散
焚燒致我官弁兵丁有被鎗礮擊斃者有被火燒傷
者船隻亦有被燒毀者又前僱拖船十二隻現被搶
去二隻其餘尚未查明此師船拖船之大畧情形也
據該提臣聲請奏參從重治罪又請將該夷前次來
文仍從權再行照覆藉作緩兵之計庶可壘為佈置
等情兩致前來奴才伏查此間水師兵械技藝之廢
弛已久該夷所用之飛礮彈子內藏火藥所至炸裂
焚燒不獨為我軍所無亦該夷兵械中所未見經此
次猖獗之後我師勢必益形氣餒為今之計總須設
法止住夷兵俾得再行籌辦而該夷日前來文內稱
本有戰後再商之說奴才正以該夷如果續有所請
其來文接收與否頗覺兩難若如該提督所稱將前
日夷書仍行從權照覆即今此情形已與前日不同
該夷既不候照覆此間更不值覆伊前日之文惟恩
該夷前日投具夷書後總應聽候向文何以輒先滋

擾不若藉此作爲詰問之詞令其將是何意見再行
登覆庶此後該夷續有來文係其稟覆文書既於
國體無傷仍得設法羈縻奴才甫經備文飭發去後
續准提督臣函稱十六日辰刻該夷將塲我營兵何
一魁放回交其帶至該提督夷書一件經提督臣谷
覆後該夷隨又遞一書列明請求各款聲稱聽候三
日內照覆谷等情奴才隨代提督臣擬具覆文稿寄
交縉發告以奴才業經行文詰詢俟該夷登覆再辦
現尚未據回報所有該夷兩致提臣夷書並提臣寄
到覆夷文稿暨奴才代擬底稿一併進呈御覽
至提督臣關天培身膺水師統轄督率無方據請奏
恭從重治罪相應據情代奏聽候諭旨奴才來
此查辦夷務雖正在籌辦之際該夷不候回文輒先
肆擾大角礮臺沙角礮臺亦本係孤懸海外然不能
駕駛貼服致令佔奪礮臺戕傷兵弁實深惶懼相應
請旨將奴才交部議處再此次仍據提臣來函

具奏雖續經准到咨文以向在倉猝之間其陣亡受傷官員兵丁及被搶被燒各船隻確數未據逐一查明奴才已飛咨確查俟其咨覆到日具奏并俟該夷目義律如何登覆再行馳報外所有現在大概情形謹具摺由六百里奏聞

義律日夜趕製三板增集販烟快船數百多備火箭噴筒竹梯爲攻臺計時潮州鎮襲伯忠毅公子李廷鈺先調駐虎門與天培張辰分守諸臺兵僅數百天培點兵入守鎮遠兵譁謂夷船多非駐守兵可敵觀望不行天培切諭之則索貲寄家示必死天培不得已出其衣裝付質庫得銀按名遍賞之然後

勉從入則令滿汲淡水而扃鎖其臺門不放出一兵夜有扒越臺墻逋者廷鈺知勢難敵夤夜至會城哭琦善前求亟增兵藥幷言後山空虛夷人必來暗襲非力護之不可同城文武亦旁爲代請琦善不可却兵兩次但許增兵七百親供云天培陣亡時兵勇增至八千九百餘而十二月十六奏乃云撥撫標撫標兵五百名使以小舟乘夜渡出分派各臺惟懼遲明爲夷所知故倉皇至此琦善見夷人日肆披猖非羈縻之計所得綏恐其再奪諸臺則粵防全撤

得罪益重思救目前之急遽奏請開禁通商給廈門爲市地以明年正月初旬爲期還以烟價又復許以香港全島與義律再伸和約稱之公使大臣以浙江所獲夷俘易定海義律得文約大喜請繳還沙角大角兩臺及所掠師船鹽船由海道赴浙撤兵求備文代遞伊里布俾知繳還定海之由送給留定船目文至琦善亦代封付伊里布囑其據以收地伊里布緣是觀望不敢出兵不知兩臺失陷奏到

上已决意痛剿革琦善天培頂戴帶罪立功速調湖南四川貴州官兵及南贛兵二千馳赴剿辦矣二十一年正月初三日琦善自出閲視虎門舟次獅子洋於中道之蓮花山與義律見商商條欵豐待以酒食使保純（時已官廣州府）偕廣州副將趙承德主席勸酬義律欲示其軍伍之整肅飲已領兵隊擕鎗礮列陣山坡操演請琦善出閲欣然臨觀畢給賞而去保純等亦先旋省十九日義律復請見於鎮遠山後之蛇頭灣

出上年所給香港券約請蓋關防琦善不允親供正月十九日義律又來求見欲求給香港爲寄居之地求爲蓋用關防未經允許又云當日逆夷求討地方兼貿易馬頭恐後有建臺設礮等事是以據實奏明迨後逆夷圍困礮臺事在緊要不得不佯允所請以救眉急是香港之許給已在上年圍困礮臺之時其正月在虎門再見所求係請蓋用關防則上年許給時未經蓋有關防今和從乃請補蓋爲據也互勘極明漢奸雜夷兵從義律入虎門乘兩次接見隨員無暇稽察暗放小舟四測水勢因而內河沙澳盡爲夷梢所悉琦善既目覩夷陣怯其兵礮愈執初見以爲非和則事未可知特自惴無以

回
天也遂以粤中地勢無要可握軍械無利可恃兵力不固民情不堅陳奏謂夷用飛礮爲從來所未見不知西洋蝴蝶礮阮相國元揅經室集有之廣東海防書已有引及不足異語似過張夷勢而代其邀
恩奏到在調兵後遂奉
嚴旨且奉有烟價一毫不許土地一寸不給之
諭矣又以伊里布誤聽琦善據夷文繳還定海之言
屢

詔不肯用兵初七日宣示逆夷前後罪狀
命宗室奕山爲靖逆將軍湖南提督楊芳方入
覲道安徽
命祁𡒄粵與戸部尚書隆文同爲叅賛大臣以刑部
尚書祁𡒄向曾廵撫廣東熟識夷情
命駐江西總理軍餉皆馳驛兼程而進二月
命伊里布回本任代以裕謙趨浙接理奕山方度嶺
有勸以全師駐三水使夷不能探我虛實者倸純自

省迎謁令以此意還語在粵官吏且令傳諭諸夷代
奏仍准其通市隨行司員李湘棻座間忽爲大言謂
奉
命剿夷當馳抵粵城相機調度未宜遠駐示弱奕山
乃促掉倍道而前旋以外來兵礮攻具未集暫止韶
州義律既探知和議中變一琦善不足恃計非焦頭
爛額不能討便宜也倍形憂懼則徐自受代別居館
舍病疝不接一客琦善亦未嘗過問及冬仲與廷楨

奉
命協理夷務始復出詢知前所備舟勇已盡撤欷歔
無如何三水劉文瀾策購義律垂得而虎門事已急
矣初五日夷船乘風潮大至聚攻橫檔臺前攢排突
進礮密如櫛臺藥皆自省發不可源源繼雖極力拒
擊究不能如夷舟之不時運送彼此抽換也橫檔後
有小河舊無行楫則徐雇船以備咸議其迂撤後守
者不復顧及此適潮水咸漲夷分船闖越後河前後

夾攻，天培力竭，守禦不支，手燃巨礮，忽自炸裂，兵無人色，皆走。一弁大呼曰：事急矣，盍去乎？言次，伏使受背，將負以出。天培揮刃擬之，弁亟閃避，一彈當胸至洞焉，不倒。夷衆擁入，天培與都司署提標游擊麥廷章俱陣亡。叅將劉大忠先遁（當時以大忠同時殉難，因已奏補香山協副將，照副將例賜卹。事竣後與天培、廷章、湖南總兵祥福、游擊沈占鰲、守備洪達科同立專祠祀虎門。大忠旋自回營，以遇救得生自解）。夷見天培屹立如生，反駭而仆。續至者前迫視之，如氣已絶，相與驚嘆，取所遺蟒袍繒褂爲

服之鼓樂安置臺中奏
上賜䘏如例增派齊慎參贊軍事急調廣西兵二千
湖廣兵之赴浙者二千八百改道入粵琦善先奏及
內河由獅子洋入至烏涌獵德二沙尾大王滘及烏
涌迤西長洲岡深井黃埔白泥涌均扼要宜守有
旨令芳先至速相機佈置毋令其駛近城下夷越虎
門直入內河虎門大礟之運自省會者三百餘則徐
所購洋礟二百餘已盡爲夷有防內河者皆搜括選

餘舊礮草率周章雖層遞分段設防究乏把握會湖南提督祥福統常德兵千餘新至琦善倉卒令與粵兵同駐烏涌烏涌者會城東出數十里先築土臺於南岸備虎門有失爲第二重守禦計者也夷船縛礮於桅空彈子心實以藥雜鐵屑小鍊於中合而圓之擊則墮地觸機自啟屑鍊乘內藥四飛着人恒斃烏涌沿河層延壘土墻穴墻置礮墻盡處不復更爲橫築墻缺大開夷循北岸來礮向南斜發輒及缺彈從

空墮又無鐵網承阻鐵網以鐵綫織五分目而大綫爲網予嘗倸陳及之而倉猝不能用粵兵先潰楚兵亦相率敗走爭先逃竄村落道半阻於河橋候補知縣瑞寶方主管烏涌小礮臺兵奔亦奔懼落後爲所隔甫過遽呼從役撤其橋板兵勇前走至河岸爲後隊逼墮河自相殘踏塞填河面後至者踏人首肩而過無一生者祥福及其屬將游擊沈占鰲提標守備洪達科皆遇害南越遊記云或以祥公墜水求其屍不得然當時已賜䘏立廟殉節無疑或自死於水耳二沙尾亦預沉石隘口

購敝夷舟沉而堵之顧未守以兵夷至以輪舟乘火勢拔起通流無碍越獵德即省河矣怡良方懸賞招回漢奸及運私快船當時利賞畏罪將籍以衛省河投回者十九艘艘二三十人率代以老弱至是出梁恩升於獄令率投誠船出烏涌堵賊與夷戰有薦之者語見下文省河自虎門戒嚴弁兵官勇舟舫梭織夷烟不時得售迨越虎門方賈鴉片於輪舟尾其兵船以人約蛋戶快艇泊其旁乘戰酣截運烏涌潰兵不復集畦岸空其無人恩

升亦放虛礮烟焰蔽天售私者從礮聲中絡繹移諸快艇陸續發棹以去迨礮收烟散則貨已售盡矣芳之始至道佛山口入民舊其宿將望之如歲所到歡呼不絕官亦羣倚爲長城入城即發議謂夷礮恒中我而我不能中夷我居實地而夷在風波搖蕩中主客異形安能操券若此必有邪教善術者伏其內傳令甲保遍收所近婦女溺器爲壓勝具載以木筏出禦烏涌使一副將領之自部卒隅岸設伏約聞巳礮

響即舉筏齊列水涘呧器口向賊來路而後自抄出筏首夾攻之夷將至舉筒鏡測筏縱橫排岸側駛近而副將已望見旗幟先遁筏上無一人遂長驅直進芳禎知夷順流勢猛亟勒兵入城縛副將欲斬之諸帥為祈而免乃令總兵承福率兵千駐東南十餘里之東勝寺以防陸路寺距河干尚五六里夷舟過礮遠不能及又使總兵長春率兵千駐西南十五里之大黃滘後鳳凰岡對滘舊築石臺大而固夷不敢越

以入省逕趣省東中流水深雖不能沉石堵淺但橫排木筏下水椿亦未敢闖而拔也芳久歷戎行夷亦震其威望且未深悉省河虛實使其徒持書至鳳凰岡營假求款爲名密挈漢奸隨路探水長春新來不知其詐收書使送芳於城外候報即掩帳壁卧漢奸已乘便引夷遍閱營盤知無備可襲甫出而兩路分入勢如破竹從東入者逐我獵德礮臺兵而守之從西南入者登大黃滘臺壞臺一角亦留守焉先是正

月義律伯麥合出新僞示張於新安赤柱曉其居民稱爾總督琦善將香港地方讓給英國存有文據是居香港者爲英國子民事須禀英官治理復以此語照會大鵬營副將賴恩爵恩爵以呈怡良則徐聞而髮指勸怡良實奏謂人民土地皆君職今未奉旨而私以予叛逆之夷豈宜緘默受過怡良尚徘徊東莞鄧淳集郡紳於學具詞以請謂僞示橫悖已甚宜加痛剿並請制府陳焉入見者數十輩琦善謂欵

夷出自
上意而諸君未識情形爭執如是早晚禍及可自爲
計仍舉所陳四事爲言駐防進士朱介石朝玠者篤
實君子也與辦至日昃而出營文弁錄夷示上紳士
皆未之知林公見事關
重大揣怕公意必候紳士呈請而後奏尚可以對琦
相時晦前二日林公召予詰以故且問外間公議將
如何予曰既非紳士請奏不可措某年望皆淺又素
居江村未嘗授讀省會否則立集科甲門生列名具
詞頃刻可行若候通知敵不惟輾轉需時抑事幾先
露將有悔之者矣林公是之辭出卽招黃學博培芳
商之黃蓋香山人居省且十世門下多通顯故也黃
出語予謂我兩人方當有差未便與名不與則無以

告同志正躊躇間而鄧徵君淳至知其事慨然集諸紳於學以翊日具詞進姚司馬衡何丈學棪同在撫幕其日見林公亦與正言及之兩人歸勸但據情轉奏怡公遂首肯追怡良奏到而兩江總督裕謙力參琦善畏葸偏私之奏適至片奏云再去年英夷至天津遞呈僱船五隻且所泊之直沽河距天津府城甚遠而琦善張皇其事遽稱殺觸威京處處堪虞浙江洋面海口全被占住逆稱後來船隻無數必將南北並擾希圖聳聽以掩其武備廢弛之咎繼又牛酒犒師遣弁講款因而山東浙江相繼效尤饋送絡繹致使攻陷城池之逆賊竟所至如賓而山東撫臣托渾布又飾稱該夷歡呼羅拜查英夷腰勁腿直見該國王尚無拜禮嘉慶年間入京卽因夷使不能拜跪驅逐回國是其明證豈有於攻陷城池大肆猖獗之後忽向山東犒師弁兵羅拜之理以大辱

國體之事爲欺蒙天聽之詞不顧中外之竊笑
皆由天津之辦理不善所致此琦善張皇欺飾之罪
一也該夷回粵以後桀驁愈甚求索愈多情勢日形
迫切琦善當一意調集滿漢水陸兵勇親巡海口礮
臺嚴防要隘明立賞格激勵將士先爲不可勝以待
賊之可勝乃惟知責副將賠禮責兵認錯毫無激勵
堵禦之方將士解體軍心沮喪以致該夷乘其無備
突開鎗炮攻據礮臺多折將士又以未申二時一事
分爲二奏其稱我兵衆寡不敵查粵中水師船礮縱
不如該夷之堅猛至陸路官兵則省城有駐防有督
標撫標提標又有沿海水勇以數萬計視賊何啻十
倍而賊之在粵者不過數千人其陸路夷兵只有打
尖鬼船二隻約計不過千人琦善能調兵嚴防後路
何致夷匪千餘繞出山後便稱衆寡不敵耶琦善不
自知愧懼尚以粵人武備久弛該過前任試思琦善
未到任之前數載餘以來卽以粵省之兵剿堵粵洋之

夷連獲勝仗屢燒夷船望風不敢窺伺並未調兵餉於外省亦未聞有喪師挫銳之事此琦善弛備損威之罪二也沙角大角礮臺既失以後至虎門尚有礮臺八座而威遠鞏固永安三臺尤峙鐵鍊橫鎖天險斷難飛越此時自當速調兵勇周守親自馳往虎門號令調度以安人心以作士氣一面知會浙江乘機進剿克復使賊首尾不能兼顧其時定海只有夷船二十餘隻且貨船居其半又義律伯麥皆未同浙定賊只有副將一人而粵中義律得礮臺後已舍舟登陸正是極好機會乃措中於剿堵布置事宜一字不題惟以覆書緩兵爲言危言脅撫入奏且趕緊札囑浙省不必進兵旋即以給予香港即日在廣州通商定議不但故違 高宗純皇帝敕諭並未候撤還定海後恭請 皇上准否賞給之諭旨是該夷先得馬頭後還定海以地換地既不使威在 朝廷且許其即日通商給地在前奏聞在後又非恩

出自上況該逆佔據城池戕害文武荼毒生民罪大惡極竟可置之勿論倒行逆施謬妄專權此琦善違例擅權之罪三也琦善既在粵給與馬頭換出定海即當說明浙中夷船全撤乃其遞到夷目給伊里布咨文則又稱定海夷船各貨請即令甯波商人前往籌售查該夷在定海大售鴉片有去冬定邑難民呈詞可憑是該夷仍欲於甯波違禁通商售賣鴉片何以在粵講撫時並不與之詳確訂定斬截葛藤此琦善將就苟且之罪四也夷目公司領事義律只係夷商首領與中華洋行商人一例向在廣東例由澳門同知通禀督撫皆自稱遠商或稱遠職而督撫行文飭令該府同知轉諭則稱該領事稱謂有定歷有案卷可查自上年在天津浙江投書擅用照會僭稱公使大臣而琦善等不知詳察輒以貴公使大臣稱之以外夷市儈竟與
天朝將相平行大關國體倘海外各國夷商藉口紛紛效尤何以處之豈有僅嚴

於各國而獨屈辱於英夷之理又豈有現屈辱於英夷而仍能謹嚴於各國之理此琦善失體招釁之罪五也臣愚昧之見邊疆大吏必須稍有威望方足以鎮服外夷廣東澳門大小西洋通市者數十國皆觀望強弱以為向背 天朝舉動遍播海外若使英夷得志則愈足以誇脅諸夷啟侮召患其害有不可勝言者琦善挫軍損威委曲求款已為英夷所藐玩並為大小西洋各國所輕視若令其久在廣東勢必專務敷衍彌縫恐不止難收禁烟靖夷之效從來外夷祇知畏威不知懷德故馭夷必先剿而後撫自宋至明邊患不同要之示國威者皆忠義之臣而不顧國體者皆奸佞之輩慮久遠者皆智勇之士而苟圖目前者皆庸懦之流我 朝二百年來聲威遠震四夷臣服曠古未有英夷不過奸商其所糾合不過販烟之匪類何必如琦善奏惟務張外夷以挾制中國臣受 恩深重不敢瞻顧嫌怨而慎邊疆重計謹瀝

誠密片附奏伏乞　聖鑒再臣聞夷人到粤必用漢人爲買辦而其爲買辦者實爲漢奸之尤教猱升木皆其所爲前此鄧廷楨任內奏明驅逐之奸夷顛地有買辦鮑聰係買辦中最爲可惡之人因查辦嚴緊逃往山東轉至直隸改名鮑鵬隨同琦善前赴廣東托以心腹與義律往來議事情殊詭秘琦善所稱夷言先戰後商之説難保非卽係此等漢奸有所窺伺而教之使然也臣謂鮑鵬不誅夷務必多反覆可否請　旨密飭靖逆將軍參贊諸臣確查琦善處如果實有鮑鵬其人實係買辦鮑聰卽行密拿嚴究交通實情正法海濱以杜内外勾結之弊臣旣有所聞不敢因事無所確據緘默不言坐視琦善悞墜奸匪之計合

幷密陳

夷氛聞記卷二終

時琦善先已革職至是

上疑其私

命派副都統英隆拿解赴京時以佛山同知李百齡出門下故粵中令協解籍其家使怡良暫權而以祁𡎴繼其節鉞義律知

聖怒不測外軍雲集勢必用兵在粵永絕和議兵船費重即資捐於商船亦必通市乃可而諸國商船續至者四十餘雖未嘗一律禁絕先以虎門嚴守阻諸

外洋虎門破而後得聯䑸以抵黃埔而會城內外居
民店鋪遷徙十已七八市井兵多民少貨益滯銷咸
怨英夷會義律進退失據神情顛倒二十四日船遠
由西南撲入爲守鳳凰岡江西叅將譚恩都司伍定
青守備周榮升湖南守備王金國奮擊急退越日米
利堅領事多利那赴鳳凰岡營請見兵帥稱英夷自
是不敢再有他求祀順稱兵止其國兵頭之過其貨
船原未嘗附會助逆請准與諸國一體開市則貨船

在埔兵船即顧忌不敢滋擾矣議未決而出二十六
日夷增多船乘風越鳳凰岡且前且拒冒險闖入省
河飛礮向城隨退泊白鵝灘月盡乃去洋商亦代呈
英夷字約有不討別情惟求通商私貨查出甘願入
官語芳怡良據以會奏奉
旨飭駁皆草留當芳之來粵行抵江西也聞琦善和
議將成欲附和之途次忽有給還夷人堆貨之奏是
時

上方整練戎行大中
天討特簡老將贊畫師中今芳未至粵先有此請已
失
聖望既而復有攻守八難之奏迹並與琦善暗合至
是又請許港腳通市港腳種類雖異英夷而印度實
爲役屬卽與英船無異許港腳實許英也掩耳盜鈴
未戰而欽大非
命將出師本意且奏內未將琦善畏葸致悞及外兵

既集夷再猖狂如何剿辦情形層次籌及此有意阻撓怠慢軍心之諭所由來也璸既入城病居民空城先徙思所以招徠之以士爲民望乃示召觀風取粵秀越華羊城諸書院生童而合試之以示整暇於是還居者半祁公至泊佛山汾江寻先時以林公意往佛山延南海在籍吳中丞榮光李都轉可瓊商守城策虎門既破是夕林公先知之二公爲其鄉人綜團練不可出寻具文以璸因條陳旗勇協守法以駐防餘丁皆驍勇可募用也自是寫佛山往還兩地者三閱月偕李都轉候見祁公於南岸市樓刺入而林鄧二公同棹小舟適至

祁鄧本同官交好林亦袖其任內所辦夷務層折繕厚摺閱誠以告祁未暇閱隨手置之席下二公並以夷舟據省河凡官船有旗幟恒爲所擾勸祁公一出花埭海郎折而上由泥城入北門偃旗息鼓登岸當公未入沙已有勸其道鹽洲山過石門繞泥城者語與二公合語畢辭去會日晏鄧轉老倦先歸予登舟祁公言少穆以所辦示我不知舊令尹事如何隨長嘆謂我去不幾時不料地方遭刼竟至於是予曰公來刼有救矣公曰不然我以小心謹愼作無事時巡撫尚可總督則非其才矣況有事乎吾兄不記鄧制府閱兵廣西我以巡撫兼應夷事時乎非壘農事事提醒不知誤却多少矣壘農者高陽儀克中就書記數年來所心折者及公丙握儀已作古故憶及之予因謂如大君子謙卑自牧何不别舉精力强毅者相助爲理耶公曰樞廷方以我熟悉夷務非晉辭則早來久矣此次半道接　旨不得不勉肩艱鉅也既

又問林鄧並勸改道入城說可行否予答以故事大吏抵任必由近日亭登岸便各官行禮而總督署在靖海門內此次似可由靖海門入諸官必集迎於此公督望赫然夷船何敢犯前驅若竟道泥城未免滋其疑惑失觀瞻矣公大以爲然 三月奕山隆文亦至義律來文請在

香港開市督撫以未奉

諭旨駁之二月末嗎禮喑於夷議一體嚴拿走私之說代詿此端與英官無涉語今來文請縱走私故拒之 是時夷船之在定海者多駛復廣東虎門香港合五十餘船奕山意芳有將畧首與商軍事芳謂夷越虎門深入粵城外民居鋪舍櫛比無隙可乘即

無隙可守惟於東南獵德西南大黄滘速下椿杙沉
舟堵塞而以重兵握岸上堆沙壘爲城庶幾可作省
城外障使夷不能搜截軍械運船截我穀米埠然後
俟風潮乘柴葦爲筏用火攻之方可得手既又商諸
則徐則徐爲六事答之一堵塞要口謂夷日擾省河
法皆難用當設法誘夷出獵德大王滘外否則束手
待斃二洋面船查明備用三礮位驗演撥用四火船
水勇整理挑用五外海戰船分别籌辦六夷情宜周

密探報較芳條陳尤爲詳密可行六條一水道要口宜堵塞嚴防也此時夷船既破虎門深入堂輿查省河迤東二十餘里有要隘曰獵德其附近二沙尾兩處皆有礮臺其河面寬約二百丈水深二丈有零又省河西南十五里有要隘曰大黃滘亦有礮臺其河面寬一百七丈水深三丈餘若前此果於該兩處認真堵塞駐以重兵則逆夷兵船萬難闖進省垣高枕何須戒嚴乃既延誤於前追悔無及今夷船正於此兩處要隘橫亙堵截使我轉不能自扼其要幾如骨鯁之在咽喉矣惟有密飭近日往來說事之員督同洋商先用好言誘令夷船退離此兩處而在我則密速備運巨石羅齊人夫一見其船稍退即須乘機多集夫兵衆千連夜填塞河道一面就其兩岸厚堆沙袋每岸各駐精兵千餘先使省河得有外障然後再圖進剿此事不可緩圖尤不可偏廢若僅駐重兵而不塞水道則夷船

直可闖過雖有兵如無兵也僅塞水道而不駐重兵則逆夷仍可拔開雖已塞猶不塞也塞之駐之而不堆沙袋則以兵燃礮立脚不住相率而逃仍猶之乎不塞不駐也此兩處辦成後應致力於內洋之長洲岡及蠔墪最後則籌及虎門彼處有南沙山巨石可采如何堵塞容再酌議一洋面大小船隻應查明備用也查虎門所泊師船除沙角失事時被焚十隻外閒尚有提中營二號三號大米艇二隻五號小米艇一隻提右營二號大米艇一隻五號小米艇一隻現停鎮口自應由水師提督配齊弁兵礮械以備調用其虎門以外附近之水師營分東則提左營大鵬協平海營碣石鎮西則香山協廣海寨現在各有師船若干配駕弁兵礮械若干亦應分飭配足報明候調至省河有府廠運廠兩處均係成造師船之所現在各有造竣師船幾隻另購堪以出洋大船幾隻應飭據實開報并將蓬索椗椇即日備齊聽候查驗再上

年府厰改造巡船及新造安南三板現在尚存幾隻裝配礮械若干亦即闡明聽用其招到快蟹船十九隻現泊何處此內壯勇若干礮械若干亦即稟候核奪一大小礮位應演驗撥用也查此次虎門內外各礮臺既被佔奪所失銅鐵礮位合各師船計之不下五百餘尊其中近年所買夷礮約居三分之一盡以藉寇資盜深堪憤恨今若接仗非先籌礮不可而礮之得用與否非先演放不可查佛山新鑄八千斤火礮十四尊僉謂無處試放殊不知演礮並不必極寬之地祇須水上備一堅固之船安礮對山打去其山上兩頭設棚欄夜必不至於傷人並須堆貯大沙袋每袋約長四五尺寬二尺餘堆成横豎各一丈高七尺許以爲礮靶對靶演放既有準頭而礮子之入沙囊深至多少尺寸果否沙可擋礮亦即見有確憑矣此十四尊試過如皆可用即日運省備防其餘即於佛山如式再鑄倘試後有須酌改鑄法之處亦即就

近諭匠遵辦以臻周妥又番禺縣大堂現有五千斤夷礮四位似可撥至離省十五里之燕塘墟向來演礮處所亦照前式堆排沙袋演試又廣協前道有夷礮六位斤重較小似可撥在北較場如式堆演所有來粵客兵即令該管官帶領輪班演礮如此則礮力之遠近礮攩之堅鬆與兵技之高下無不畢見一舉而三善備焉再前據廣州協趙副將開報該協前道升賢頁祠現存堪用各礮約五百位又紅單船拖風船卸下各礮亦約有一百位雖俱不大然未嘗不可備此似應分別查驗演放以便分配各船及岸上營盤應用至裝配船兵宜將船隻駕到將近佛山之五斗口茶荊沙瓜步口等處分起裝就聽調庶免疎虞

一火船水勇宜甃理挑用也查夷船在內河最宜火攻前月經楊參贊飭備柴草油料松香裝就火船約百餘隻聞係署督標中軍副將祺壽候補知縣錢燕詒等經理其事茲聞多日恐柴草等物黴濕短少應

飭查明重加整理其裝載之船原只以備焚燒固不必堅固新料但亦不宜過於動舊且必須有遲方能駛風若專藉一二人之力猶恐推送遲緩不能成功其船約以數隻爲一排駛近夷船則環而攻之能於各船頭尾繫大鐵釘釘住夷船燃火使之推不開拔不去當更得力其未用之先此船宜移上游近佛山一帶裝載完妥貪夜乘風與有礮各船一同放下隨攻一隨燬諒必有效又內河東路之茭塘司一帶另有捐辦火船百餘隻即某所捐辦也分段停泊如需應用亦可隨時調集以收夾擊之效至水勇一項人人以爲必須雇用惟患其有名無實前此虛縻雇貲已非一次除洪澳之二百八十人係鮑鵬爲前琦部堂雇用聞已散去可毋庸議外若梟運兩司訪雇之水勇一百二十名聞有董事管帶應可得用第未知其船現泊何處似應查點試驗又番禺縣張令原出揭陽帶來壯勇三百名皆係以鳥鎗擅長每人各有自

帶之鎗施放嫻準此一起雖係僱爲陸路之用而上年曾經諭明肯下船者多加雇貲彼即欣然下船似宜將此壯勇三百名作爲水戰之用此外再雇務須考其技藝查其底裏必使層層保結不任濫竽並諭明臨陣爭先者即予拔官如敢潰逃立斬示衆信賞必罰自足以勵士氣而壯戎行矣一外海戰船宜分別籌辦也查洋面水戰係英夷長技如夷船逃出虎門外自非單薄之船所能追剿應另製堅厚戰船以資制勝上年曾經商定式樣旋因局面更改未及製辦其船樣尚存虎門寨如即取來斟酌趕緊製造分路購料多集匠人大約四個月之內可成二十船以後仍陸續造成總須有船一百隻始可敷用此係海疆長久之計似宜及早籌辦若此船未成之前即須在洋接仗計惟僱覓本省潮州及福建漳泉之草烏船亦以百隻爲率將其人船器械一齊雇到給予厚資聽其在洋自與夷船追擊不用營員帶領以免牽

拏仍派員在高遠山頭瞭望探報果得勝仗分别優賞其最得力者賞拔弁職充入營伍綠漳泉潮三郡人性強悍能出死力既可兼得名利自必踴躍爭先較之本地弁兵顧惜身家者相去甚遠至於能在水裡潛伏之人查本省陸豐縣之高良廓饒平縣之井洲及福建澎湖之八罩鄉其人多能久伏水中似亦可以募用其火攻器具如火箭噴筒火毬火礶之類亦宜多為製備以使臨陣挑用一夷情叵測宜周密探報也查逆夷兵船進虎門內者在三月中旬探報有三桅船十四隻兩桅船三隻火輪船一隻兩桅大三板四隻單桅大三板一隻其各國貨船在黃埔者現有四十隻自虎門以外則香港地方現泊有夷兵船十七隻伙食船三隻此等情形朝夕變遷並非一致似宜分遣妥幹弁兵輪流改裝分路確探密封飛報不得捕風捉影徒亂人意其澳門地方華夷雜處各國夷人所聚聞見最多尤須密派精幹穩實之人

暗中坐探則夷情虛實自可先得又有夷人刊印之新聞紙每七日一禮拜後即行刷出係將廣東事傳至該國並將該國事傳至廣東彼此互相知照即內地之塘報也彼本不與華人閱看而華人不識夷字亦即不看近年僱有翻譯之人因而輾轉購得新聞紙密為譯出其中所得夷情實為不少制馭準備之方多由此出雖近時間有偽託然虛實可以印證不妨兼聽並觀也至漢奸隨拿隨招自是剪其羽翼之良法但漢奸中竟有數十等其能為之畫策招人弄文墨製辦船械者是為大奸須將大者先除則小者不過接濟食物即訪拿亦易為力矣

是月則徐旋奉以四品卿銜馳赴浙江候

旨之

命緣是時裕謙已抵浙自去冬曾與閩浙總督顏伯燾浙江巡撫劉韻珂先後密陳則徐在粵辦理無誤宜責以戴罪立功而謙之劾琦善則以上年廣東就本省兵防本省夷未聞敗辱爲言比較迭失臺口功罪則徐又先自請赴浙竭力籌辦粵中初聞有調外兵攻剿之信林公實不如意出自上尚疑琦相因夷情反覆當大示兵威密爲奏請但未商及同城耳此予親聞之林公若林公固言封疆大吏得調本省兵粵中兵頗練水師者已不少皆總督所屬就地調用不致多費帑項故辦理遂爭以不至奏調外兵爲正今國家方全盛經用及天兵何事不了此辦理至於萬不

得已之舉蓋初未料至是及外兵他日之敗也
上見夷情叵測外兵至粵者已有八千防夷敗而竄浙爰有是命然其時粵聚兵雖衆守禦尚無勝算所備攻具巨木之運自西省編紮爲排筏者未成水勇募自福建者千人香山東莞者三千一時亦未能驟集奕山初尚用芳待時而動不可浪戰取敗議而曩長文則李湘棻西拉本武則段永福張青雲輩皆利在一戰爲得功地且非是則軍餉將無以開銷也密

請開仗張必祿亦從而慫恿之奕山爲所動謀於塡
塡官粵久素悉夷恫喝伎倆以爲外兵新至當乘銳
而用亦不阻止爰於三月晦密集軍官發令三路分
出一屯西寗礮臺外爲中路一屯東礮臺爲左路一
由泥城出爲右路使及夜運礮出佈置粗定將突攻
夷船於省河調發畢已日暮芳猶未之知兵出城奕
山始詣芳告以故芳乍聞不覺大訝拔劍奮呼謂事
且敗而局難收頓足至再奕山亦旋悔亟思挽回然

令已行人自爲備兵衆地散已莫及矣先苦水勇未集會四川營餘丁四百願充其數與廣州應募者合爲千七百餘人乘小快舟挈火箭噴筒都司胡偉仲率領而往分三隊伏約聞礮齊起抄後路攻之專以長鉤鉤其船底擲火焚燒官兵但沿岸施礮轟擊應之省河夷船出不意又值風逆一時四面受窘西路攻毀其大兵船一火輪船二三板四小艇數十於白鵞潭東路擊其二板夷衆從睡夢中聞變亦猝不及

備相繼溺死於二沙尾者無算總兵張青雲設伏西甯礮臺夷見守禦空虛舍舟登岸者數百人伏發退不及舟我兵湧出氣銳迎刃皆斃無存者義律夜深聞攻殺聲不知何處有兵咫尺間調遣不及自夷館踉蹌走出呼小三板渡上夷舟兵目援以登僅而獲免四川湖南兵探悉義律所在相率向圍不知其巳遁也蜂湧入夷館登樓搜之不得則掠其貨物（時米利堅夷商佔館者外兵不能辨誤傷其數人）越日黎明夷兵大集援救止擊

沉其三板船一風潮轉順我兵反爲所乘夷船監黑旗速日遊弈省河直逼礮臺勢甚張段永福領勇千餘守天字馬頭望見夷飄旗速放空礮一鬨而潰所設八千斤大礮未及放礮眼已爲登岸夷所釘守泥城者爲副將岱昌參將劉大忠大忠即協守虎門夷至先逃以陣亡奏請賞䘏事後飾詞歸營者所備木筏材料購自西省費數十萬及油薪船三十餘大軍輜重咸萃此至是亦不戰而走軍資可用者盡爲夷

有守北門外山者定臺俗以形稱四方礮臺者爲總兵長春粵城北五臺此其一也明以前無之迨至國朝大兵南下攻數月而守尚固乃築此以瞰城中瞭若指掌轆以東西得勝臺既築城始不支蓋攻之利即爲守之害粵既隸版圖承平垂二百年無議毀者其年前湖督制大爵奉命從軍至亦以形勢不便思將北門城仰築而以者定兩得勝圍入城內蓋不致墮壞毀拆而不知加城於山所費不貲尤非策也此與所議伐村亞古樹堵河皆不可行而行之事至是初五日夷泊岸試登無一拒者竟據之築土

堤藏礮爲久守計登高俯瞰窺以筒鏡凡城中措置
及官民來往悉爲所見墳與怡良議亟調礮置南西
二門示民死守是日福建水勇適至既入撫標官以
令箭督使出城應敵以駐防將軍不肯啟而止芳立
北門女牆下號至移時刻忽掀髯大呼曰可擒也欲
以兵二千分兩翼下城擊之亦阻於同事不果稱疾
不出者二日火箭巨彈自下上者肅肅過耳畔芳談
笑自若罵曰醜虜要擊死老子耶左右咸股栗勸稍

避之不顧夷既聚泊遊奕小舟如梭織其兵船迭還飛礮攻城沿珠江二十里閭環東西南三門外礮聲無片刻斷礮子往往墮城西北隅益知太將軍以下皆駐城北貢院特向而注發而不知吾已偕遷避巡撫署頃亦移駐城內矣入夜火光如晝日則四射火箭焚南北岸鋪舍南門外燒燬尤甚民間無救者官軍亦不敢出撲聽其自焚自滅留者但洴行財貨棧舍而已時內外兵萬七八千軍令皆撤入城都司守

備以上無一人在城外者夷小舟放火延燒兩岸惟燬自二月虎門失事及是連日遇紳民眷屬遷下鄉者每爲夷舟阻辱巡船至則撒藥燬之有洋商家屬爲所追及遽出條紙示之夷即反棹且爲護送入花埭河口連日火光燭天而放入箭彈恒着空處或竟隨地擲飛皷彈子大者至百十斤每自屋面滾下無鮮人致傷者是時內城分貯火藥至二萬斤漢奸知藏藥所在火箭向之會大雨如注曾不延燒事後夷人言當時共見一白衣人夜立城上以手接箭箭到即熄或以爲非神助順不及此設一有延燒則人心不固城從此不可問矣　貢院號舍八千有奇令舍住一兵而兵往往拆數號通爲一擕所自備物居之因不能容則令其自擇居民問空舍容

兵各招引其同隊三五成羣撬門挈具而入隨地駐足於是夾雜散處佈滿內城營主但知按籍記其兵數實不知兵所寓何地同寓何人遇有號召輒出小旗沿街市招呼有貝徵發匿不出者非領餉之期無從見而問所駐地也夷登者定臺越山磴徑十餘里軍帥坐北門樓親覩夷兵魚貫而上所至無阻莫可誰何駐防甲兵見而髮指動公憤自請出城截擊以阻其登城亦不敢有超城下者數十人中途復相計

旗營藤牌少不足禦夷火器旋返城繼上駐防將軍阿克精阿先期令地方官以沙包遍塞城門初五六七日城閉城內米值大起油薪將乏亟開一門放行歸德門開後仍置筆硯於卡房凡肩輿出城者令自書姓名始肯放出當時雖官亦不免甚有謡言謂夷將裝扮差官輿入爲內應者故有是事然不搜其入而搜諸帥其出且但搜肩輿而步行者不與亦疏甚矣初以衆兵閑處一城雖不得其用尚幸其安靜坐食可不擾害閭閻忽初五日南海義勇爲湖南兵誣殺楚兵初駐東門敎場其地多瘋女少未發面往往夜出就男子交移毒則男受其病而女愈可嫁楚兵新至未之知既而多傳染者或言孩肉可已瘋疾於是擾遶近小兒旋營烹食之壯勇知其事以爲人人如

此遂力與拒此致怨之由羣勇大譁擁入貢院不散大帥不得已摘永福翎頂解其怨而互鬭者已乘勢四出放火殺人較塲中屍骸如積矣逃難入城者恒指爲漢奸攫其財物有挑夫於大佛寺前買粥方食芳以送琦善就逮下舟馬至適挑夫輟食出紙其前驅遽令斬之刀挑其首出至河干民環城聚觀駭甚先是方開仗越日旋有不循紀律聚搶夷館之事所搶貨物肩挑背負各饜所欲搶物多者不便回營受指摘則相與

潛遁軍官未之知知亦無計招復也去者信足所之罔識途徑道中每以所得易貲消散所過州縣沿途詣官索餉北行遠抵三水清遠者尚數十人地方爲之應付具舟送返會城僉以追逐敗夷迷途爲詞人多不能束以軍法反人爲犒賞爲其壓驚非不知夷在南而兵反從北返然不暇正言詰也夷兵中率有多年市粵者爲之領導民與夷習義律初發難時時以繳烟斷市萬里虧缺爲不得已之詞謂兵來但與

官爲難而無與民戶爲與市者訴其資市爲生者半出番禺香山新安之市井無識否卽蛋民漁戶未明大義以爲害不及民竊私憐之市粵者初謂義律僅六七等官視若無關輕重船梢姑聽命焉食用居處終與大班三班迥別義律亦退抑不敢擅作威福迨來粵七八年値變起夷商雖號殷富實平民或假貸於國或合力置船義律雖微亦官也倚以爲重國王亦因其居久事習就令爲諸船總管伯麥雖以國戚

初至反副之自以勞頓風濤數月至則使義律赴浙自留粵暫代其時義律隨挈兵以出破定海留船以守意中國且厭兵當可動乃偕伯麥北抵天津獲陳達得

恩旨復相與挈琦善文還粵候欵及偵知琦善以失

聖意得罪大局全易虎門攻陷皆兩人者爲之伯麥絕不諳中國底綳義律自繳烟取結屢與保純晤語數出其妻於座示敬保純亦感其誠還輙私語所親

故當事但知有義律以爲人尚明白可以理諭城旣閉軍帥伏處一隅半籌莫展百姓洶洶謂兵不足恃城必破夷入必遭焚掠也則扶老攜幼哭詣怡良請權宜爲目前計於是款夷之議遂決城上改換白旗軍帥以下各會印檄付保純縋城出就義律商之會夷用正急思得貲以濟旋議定餉軍六百萬員計四百二十萬兩作淸收內商夷欠約限五日內銀項交足大將軍率外兵先離省城遠屯夷船亦退出虎門

保純還逃義律自指其心有天理良心不敢攻城語議定洋商合力僅得銀百二十萬兩餘從公帑代爲墊支括藩運關三庫足之時叅贊齊慎後至城未敢回居佛山會奏者惟奕山隆文楊芳阿克精阿祁墳怡良裕瑞言調兵萬七千人奈無幟地安營熱煤濕蒸久而多病夷入北路山巔居高臨下勢已危極一有疎失收復固難而土匪竊發通省搖動亦斷難久守若不權宜行事必致決裂其洋商欠項分於各商攤還又奏據原商伍秉鑑等稟稱積有夷欠議

明分年歸款自十九年停止英夷貿易至今未能歸結除商等自行籌措外不敷銀二百八十萬兩一時無可借貸懇於庫貯款內撥借交領以清夷欠分四年在生理價銀行用內按款攤出將借項全數歸補此項雖由商欠而關係夷情不若先爲墊借庶幾洋商無可藉口等語當時諸商貲欲以其行羨清還庫項及和約內已准英夷請裁去洋商無羨可收此項雖該商舊欠在先終歸懸宕久而未清又臺灣夷俘顛林供云廣東行商給還烟價不云該商　至所給還舊欠蓋當時兩項在夷商尚未及分斷也

夷欠即作烟價及此後是否停給香港皆未之陳及也方議款時夷兵以船泊泥城登岸肆擾沿西及北其據守者定臺者兵千餘款成尚遷延不遽退伯麥

身肥體健首大如斗自恃膂力率領餘衆自臺下闖至泥城西村蕭崗諸村落大肆淫掠姦及老婦村民大譁舉人何玉成即柬傳東北南海番禺增城連路諸村各備丁壯出護附郭西北之三元里九十餘鄉率先齊出拒堵對岸之三山等村亦聞聲而起老弱饋食丁壯赴戰一時義憤同赴不呼而集者數萬人夷目畢霞領其兵與村民戰村民稍却被追深入牛欄崗所近居民大至轉瞬民多夷少急匿叢薄間放

鎗自衛村民但遁圍之入夜則脱衣懸樹杪迎風搖颭作疑兵民不敢前及天明入林內搜殺幾盡逃者不識途徑亦多被截擊有叩首流血得免者伯麥舉霞同時殞命收其調兵符劵防身鐵劍小鎗之屬夷兵方捨命突圍出無奈人如山積圍開復合各棄其鳥鎗徒手延頸待戮乞命之聲震山谷村人以其困不復逞亦即不殺其留者定臺餘夷尚衆一人不敢下村民但環立山麓相約聽其餓斃圍既久越日義

律馳至亦被圍寄遣人間道求救於保純保純聞報請於墳或勸出福建新至生力軍助村民活縛義律監而勿殺挾使悉其船出外洋還我漢奸以是扁懲之機不可失當事相顧無敢任者咸以爲事在和後不欲更爲戎首且欵銀已先給設敗盟於我有害無利堅却不用其策然欵貲來從三庫商行分起運下夷舟其日討已給者僅及四之一而久困之夷得全欵一時驟裕有所恃以外擾江浙粵爲彼中市舶最

旺馬頭向所稱兜邊火石棄物皆可易錢者萬不肯取快片時招怨買恨而輕棄之當時能畧延期日陳兵城上不下與戰縱不給以貲彼無所焚掠將自止亦無攻及城池之事不過以朔日之戰遽收兵入城爲彼所窺因以焚擾爲報復我愈退而彼愈進益情事之常亦兵家之所宜然耳事經兩日之久倘官民同志稍諳機宜村民萬口同聲索其繳還原貲而後散官爲調停其間續給者當可免彼目覩民情計無

復之未有不可行者惜乎策不及此也墳令南海令梁星源番禺令張熙宇隨保純出步向三元里紳民揖勸代夷乞免越數時許紳士潛避民以官故不復難何遂覩翼義律下羣夷繼之衆口譃譁笑聲聞十里其後逆匪犯湖北梁殉節張防九江敗於小孤山皆擢至兩司矣余守因試爲士辱引病去皆保至粤人而之威者不夷自是始知粤人之不可犯越日全幫退虎門外其時近海紳民有欲邀於海口奪還所得貲適其大船擱於淺沙將截焚之亦爲墳所聞切諭而

止其他船在虎門外者初四日新安武舉庾體羣夜半出火舟三隊自穿鼻灣乘潮攻而燬之佛山義勇亦於鮑岡礮臺乘上風颺毒烟斃夷數十破其援舟歛夷事

聞舉以切責諸帥皆墨吏議義律入內河恒陸居坐肩輿遨遊市上例所不許也百姓已見而切齒遁後自慚無以對漢奸乃出僞示有不難報復姑示寬容語以掩其辱三元里等村民亦大張文檄痛斥而醜

誅之戒其毋復相犯盡出所馘級及奪獲礮械繳之官當事優予獎勵爲祠祀死事者玉成等請自海珠至石門水陸衝隘如仁威沙南荔園泮塘澳口及對岸之白沙增步各按險要設防置礮河南數十村及城東燕塘亦均起而團練進士何有書等接踵倡行各就所近設爲社學輔以公所而二之西北曰昇平東門曰東平練勇至數萬無事相安農業有警農即爲兵一時聲勢聯絡咸隸廣州協副將二社學外繼起者河南橋

內曰隆平設於道光二十九年夷酋入城時南
門外曰南平則奏而未成村閭曰坤維未果
民與官應塡復防其內擾策之大帥取則徐前堵塞兩臺口之議稍推而遠之於東西兩口先大石次瀝滘又次獵德沿及石壁黃埔三山凡夷船可以直達省河之道度其船之脩廣勸紳民買石沉而狹之淺其河底僅留中小口通民楫而阻夷船之闖入者先又於所堵四旁密豎椿栅復縱橫曲折投石其內處其輪舟挾火力或可用鉤扒拔石徒勞無濟也於是勘擇

要道東路如東礮臺赤岡二沙尾洋桃地姚家園南路如大王滘南石頭東塱鳳凰岡西路如西礮臺永靖海珠新墊竹排頭泥城北路如永康拱極保極者定紅棉寺饒餚山或舊有礮而壞於夷或舊未設臺而新相形勢補築者並鑄安巨礮分防丁勇别於海口要隘設士墪三十餘防維周密以補東南兩口臺所不逮令訓導黄培芳拔貢生余廷槐齋儆周遍村落開陳大義民氣感動而後檄知府楊霈署糧道西

拉本南韶總兵馬殿甲高州總兵趙承德督標叅將
曾逢年游擊李志和趙如勝督學正曾釗守蚺蛇洞
大岡邊爲南路正防而以從九品林俊英守穗石文
生彭鶴年守墈頭廟武生范廷安守南亭職員何大
山廳之教諭陳文輝守官州外委曾文基守官州門
爲東路正防而以從九品衛綬光守瀝滘廳之從九
品楊汝正守三山大通河爲西南河路正防而以副
貢生高廷佐武舉關鵬飛守南頭教諭虞世珍守東

塱應之拉本殿甲又自守龍船墟得勝坪及獵德諸臺舉人李國賢守員村文生葉炤守下渡頭拔貢陳大勳守東礮臺文生林福祥以水勇爲應計南海番禺團勇至三萬六千名而營兵不與焉取資海數縣漲生田坦凡十七萬餘畝收諸公招佃納租曰屯田爲守臺墩與捐造巡船兵食（屯田之說係陳於南海曾釗旗人樊封皆博古士見知於祁公者也）始以兵食急需知粵東近海沙田之歸殷富家者日有漲積每視原承多溢下令許田鄰首於官勘實收爲公田一時首者紛至被控者動借廢照影射非通海清丈不可祁公慮擾民遂止

其事又諭召好義者出已田歸官以原買價銀數請獎於是黠者以西潦鹹潦失收之田獻引勘收委員詣田所但見禾根在畦不知水退萎苗所餘發佃無應者因議使本土紳士駐局分別受潦田段俟赴局獻者按其土名先定非受非鄉間紳士不識情形頗難其選許員外辭兆亟述孔觀察意謂予當省趁久且悉香順沙田被水處所時予方居憂馳書見勸予辭之再三恐以一人誤公事也未幾獻田之事又不行乃奏請取沿海數縣凡貧民照例赴縣承墾而未經升科者盡歸公田召佃分別定其租款仍令原墾戶各按所墾赴官領佃照部限半年限外即准他人承佃自太守從濂率各縣勸民認領督撫出示招之以發兵費急檄促縣行且嚴香山墾戶視他縣獨多初尚徘徊無以應香山令陸君孫鼎省中舊交也使其屬香山司巡檢饒長春來予村舍諄囑代勸紳民出承會大府亦以爲言且出印示交予爲懸當時猶

以爲官佃常例不過大租易佃無害於民重以大吏
及自守之故時亦畧有所勸令其自以保佃姓名呈
官備案而已其後郡議照地丁例行則官受考成者
重而自墾之田自領其佃雖屬順理而田尚在水久
之待圖築而後成未
免壅水爲害可歎矣
方運石堵塞覘夷所入要津一
時並舉南灣九龍產石之山悉在虎門外夷船所聚
因購於內地之潭洲絡繹運載隨至隨沉諸河夷已
偵知之謂不利已出入則駛三桅船泊橫檔馳輪舟
三撲入大石四沙赤瀝角遇石船即焚紳士曾釗林
福辦周其俊何達海各督其勇護之工始克竣卿公委調

省令馮沅督諮紳堵河沅曰堵河當量其淺深廣狹
以閉方法測之今由石船過河口卽投受石不均恐
有阻水之患又其時所募守口壯勇月食或八員六
員不等悉出籌捐局設大佛寺勸捐洋鹽二商捐百
二十萬兩紳民各自赴局捐貲及鑄礮築礮械甲仗
臺購械三十餘萬兩勸及半年隨告發
皆曰有補造貲既厚集民有一材一技足資捍禦可
稱破夷妙計者牓揭黃傍奉
諭旨招徠之卽所條策而詳爲講求著效者優獎與
築臺製械者等嘗是時人人思奮翹首企足以欵夷
爲辱將待夷船之再入也而盡殲之廣督數縣游手

之衆收勇籍者十之八緑是內河村落盗匪亦無復竊發益豐其口食時其訓練日飽食於臺𢾛力無所用無不磨拳擦掌以待一試當時設勇未試而內賊以是少及勇一散而賊即四起實見過不見功之墳以內勢既定省城根本無可搖動而後由內及外層次整理以虎門諸臺修復爲終事至派將弁設防守如平時而後已英夷平日已畏粵民勇悍至此知內河守備綦嚴愈不敢正視粵東越虎門一步因變其說謂市久人君不忍肆害且存市地

爲他日相見計欺粵民之恃夷爲食者但速建香港房舍拆虎門舊臺石悉運以出請官爲示召商民就香港與貿易至是請已再矣內商以風浪險無肯往者夷請以尖沙嘴九龍山二地易香港當事以未奉諭旨却之而反勸其入市黃埔夷以入埔必經虎門諸臺修於彼不利遂泊兵船阻我興築蓋毀石之舉不盡關營建也以是雖就款市仍未得流通貨物仍壅滯如初國商咸以義律鹵莽就款不以各省所索

馬頭入議責之會英國王別派噗鼎喳爲大總管又派吧嗝與思啞敕力巴敦時爲副增船大者合前至百餘小舟數百來粵義律亦自以官小爲所屬宜受鈐制慮其至或生異議無以對保純也遂先期借帶逕粵所得銀揚帆返國按顛林供伯麥姦淫被毆死報知女王派噗鼎喳來然伯麥之死在四月而七月噗鼎喳巳犯廈門彼國遣將不如是速慫海記云佯言國王譴義律無能故命噗鼎喳所指無能者以議款不索各省馬頭亦與伯麥死同一時事意義律先自請換巳得請而行且如增兵易將將至敵遲去而非代交也奕山因議款有離出省城之約旋

偕隆文退居距城數十里三水縣之金山，撤湖南兵歸伍，留芳駐城彈壓（芳初居貢院避暑，欲遷越華書院，以嘗為大帥行轅也，予方監院，陳止之）。隆文素剛直，軍事多持正論，格於勢不得行其志，金山山水孤僻之地，居甫數日，心抑鬱，恒咄咄自語，謂無面目對

君上，歎不絕口。寺僧頗知事故，進以諧談，欲舒其憤懣，果畧一啟顏，因潔卮酒奉焉，不飲，曰：汝方外人，不識予心，非相卹也，予自分辜

恩罪重方愧悚無地日在憂憤中敢以酒自娛乎僧
再勸則色變曰若更相迫吾立嚼吾舌矣竟不食死
西觀察爲翼長攻城時方居貢院忽礮彈飛至擊中
其僕遽倒時驚悸喪魄未幾以心疾死隆參贊家都
城死後門戶蕭條一妻髮皤然撫其子孀守廣噗喘
京癸卯鄉試主考率小門生見之猶問粵事
噫至粵知義律議款止了粵事且所得故商欠而闊
浙江南之市地將開英國他日無窮利源又恰符其
借失市搆兵之本意且犯他省仍不與在粵和議背
況義律適去粵官難以責備設遽來無奇功是明居

義律下矣計既定遂嘗試以覘中國意柔
諭旨令酌將所謂防兵裁撤謂有機會未宜坐失於
是舍粵洋而北以潮州南澳爲粵閩適中地帆檣之
所必由也爰於南澳長山尾預泊數船載馬備登陸
計船狹不便芻餘則沿岸葢造房屋上爲層樓澳官
無止之者土木日漸增益駐人爲兩省往來航船響
應墳令海陽令倪澧諭毀之先是澄海學諸生就課海防論卷有及長山尾
葢夷屋養馬事言之切實府方奉旨不准香港
搭葢故南澳文武無敢言及者尋已奉調旋省袖卷

呈制府祁公行海陽倪令帯邵巡檢往查夷初尚支
吾不肯拆再往以正言曉之時駐泊止一二船懼内
地兵威即遵拆而放馬於長山凡十二四過者以七
皆見凡夷馬皆剪尾可認也此辛丑九月事
月初十日與吧㗎思亞勃力吧敦時等駛火輪兵船
數十艘尾闖厦門椗青嶼越日投書提督㗂自稱公
使巴稱水師敦稱陸路並云提督詞極悖誕謂不照
上年天津所議事欵即應交兵暫空厦門城邑讓其
軍士棲止俟定議後繳還提督陳化成老而能軍過
閩海遊奕者輙擊之礮傷足猶鼓勇進尋改官江南

去時總督顏伯燾先已出駐泉州提督竇振彪遠洋巡出留兵無幾方以粤夷就欵有旨撤兵水勇已散伯燾率興泉永道劉耀椿自白頭汎倉卒出迎擊以萬斤巨礮傳令對岸之嶼仔中路之鼓浪嶼三面合攻沉其大船一兵船五復損折其船桅夷冒礮蜂湧而進集七八船併攻一臺別駛三板船分路登岸用先後夾持之法攻一臺破復攻一臺勢甚兇猛副將淩志以下多被傷且死兵勇血肉

狼藉猶奮前拒敵自辰至酉斬殺亦畧相等夷船絡
繹愈至愈多人登岸者亦愈殺愈厚迫併力環攻大
礮臺我兵遂不支矣沉兵船五官房鋪舍悉爲飛礮
延燒又轉我臺上巨礮內向反擊城破據之伯壽退
保同安縣城壽派同知顔啓忠移駐浮尾汛以防越
廈入縣咽喉詔金門鎮江繼芸陸路提督普陀保分
防要隘繼芸戰敗落水死志負傷殺退前夷爲後隊
所逼剖腹死都司王世俊殉之游擊那丹珠楊青江

罹重傷備弁死者數人前一年夷船初次入擾廷楨方督師但令櫂椿固守舊礮臺兵力聚於一處得自保伯燾世任封圻又籍東粵連平州與廈門距近地方夷情皆所素習深恨琦善一意主和開門揖盜而意見與則徐頗合甫抵任卽追劾提督陳階平告病規避罪以爲廷楨但知自守勢不能剿盡橫逆且謂守而不攻則我勞而彼逸彼省而我費夷礮不及岸礮之大載火小舟雖恃以焚夷然僅可用於內港而

不能挈出外洋鍳鑒見諸奏牘慨然有澄清海宇之志請帑三百萬造戰艦買商船五十餘募伍數千爲新兵招海濱勇士八千鑄大礮千先期令候補知縣孔昭慈赴潮州購買船鐵及一切軍資不惜貲費孔故燕常令廣東總平丁艱服闋改發閩至是効力軍營者寓潮城穀倉食予逆試至潮以舊識旦夕過從談顛公布置事甚詳從沙汕頭購大商船欲歸領項再至予謂軍務孔亟當隨購隨令先由海往而後以人解價債之爲便時首邑爲倪念漁太守澄舊令順德可與暫假否則汕頭售船主人其父兄子弟多任學一言爲保即可了無事往來猶延也孔大喜議甫定而廈門已破孔遂踉蹌遝矣增建口外之嶠嶼青嶼大小擋三礮臺守禦

既分船又購自沿海鄉郡不時至討師船需礮千一臺需一二百急卒匠鑄未成攻守雖有人有地而軍械不備仍復制肘臺牆開門置礮牆厚門深又不能左右活轉但可直擊夷船一知避我礮路過此即衝突無碍往往先試以傲舟而後御艅排進致有此失既退至同安海上先期散遣之丁壯因厦地人皆遷徙無所覓食夷遂招而養之盡爲所用厦雖爲全閩門戶然實無險可據故夷得之亦不能守遽以二十

一日駛其三十餘船並掛帆而北留碇內港者僅數
船勢孤不復登岸碇鼓浪澳者頻出猶大言今雖暫
去行當復至至則於此蓋造樓房必俟官給銀乃已
恭猶是廣東故智已爲
聖明所洞悉有可堵則堵可剿則剿此外更無酌量
辦理之
嚴諭也顏制府奏云逆夷竄離廈門口岸於七月二
十一日開去船三十餘隻尚有五隻在港遊
奕經臣飭令廈防同知顏教忠安集逃避同鄉民人
並查明被害之家並予撫恤於二十四日由驛馳奏

各在案茲於二十六日據廈興泉永道劉耀椿稟稱
該同知顧教忠稟奉前往廈門口岸會同署水師中
軍參將陳勝元查得各處街巷並無夷人踪跡所有
逃避各鄉男婦陸續轉同各尋舊業商賈肆市未經
發毀者亦漸照常交易穀米流通經該同知逐處安
撫人心稍定並經該道該管妥爲彈壓諄諭各鄉紳
耆各率子弟保衛相資其被害之家尚須逐細查詢
造册詳請撫恤等情臣查海島中後兩路一百三十
餘鄉雖皆秋毫無犯而前面口岸礮火所及民皆驚
恐痛定思痛疾心奚禪自夷船開三十餘隻之後臣
分遣員役各處高山用鏡瞭望附近大海東控一帶
大洋帆影不絕或駛或泊三五隻至十餘隻不等其
在廈門港內或五六隻或八九隻來往遊奕不敢上
岸所有在鼓浪嶼聲言起蓋夷樓必須官爲給銀方
肯全行開駛探問如有文武在廈即欲呈遞夷書是
以飭令顧教忠暫駐鄉間與陳勝元察看動靜隨時

稟報酌量辦理除臣督同在事文武團練兵勇相機追剿不遺餘孽外所有收回廈門口岸及安集逃避各鄉民人現在辦理情形由驛五百里具奏道光二十一年八月廿一日奉

上諭據奏廈門各處街巷並無夷人蹤跡商民復業穀米流通等語覽奏已悉現在大海東控一帶大洋帆影不絕廈門港口夷船來往遊奕是此時廈門街巷雖無夷八難保不懷別項奸計欲進故退該督務須督飭水陸將弁加意嚴防本日已降旨從寬治罪其應得之罪交部議處倘再有踈虞罪在不赦矣稟之該夷聲言鼓浪嶼起蓋夷僥倖官為給銀至行開驛顯因粵東代還商欠得遂所欲又欲施其故智該督深知廣東辦理不善若尤而效之罪又甚焉如果呈遞夷書斷斷不准接受現在辦理機宜可堵則堵可剿則剿此外更無酌量辦理之法又另片奏此次夷船探聞義律在內仍著嚴密偵探遇有獲到夷人網加詢問可得其實該

夷如果復來自當痛加剿洗即僅數人數十人登岸亦當盡殺乃止現在該省新兵義勇已有二三萬之多若駕馭得宜據險設備亦不慮其滋擾牽制該逆屢經犯順未受其創正當乘其驕横之際力挫其鋒若外托持重之説内存畏葸之見尚安望其一鼓作氣大伸國威即將此由五百里諭令知之欽此伯壽令激勵中後兩路百三十餘鄉及馬港一帶團練至萬餘人同安募兵三千餘晝夜輪防亂石拋擲使留船娶泊無所其速去也意固在江浙臺灣亦緣閩續防嚴密有以使之是時分擾定海臺灣者半爲廈門退出之船同時分撲兩地而意則專在定海故所

用船臺灣少而定海多當時漢奸爲夷畫策或以定
海界接內地兵力易集非如臺灣爲海外孤郡止恃
澎湖爲聲援而風信不常勢難聯絡但能入其口岸
即可得力或以臺灣昔爲荷蘭所有而奪於鄭氏港
門險阻較諸荷蘭之沈舟拒鹿耳門時難越百倍海
舟素所習聞止可以一二船嘗試知難而退不值枉
耗無益之兵力是二說者皆夷所知而不能捨至福
州通市則彼意中事而離廈時反來之擾及者蓋五

虎門在省河外河沙甚淺潮盛乃可通舟潮漸縮則漸爲沙擱非輪舟牽挽不可恐舟未浮早爲我兵擊碎且受火焉所畏在此也鄭氏之入臺灣在順治十六年兵敗江南被剿金厦後逾年遂據臺屢擾閩粵爲沿海患康熙中興師征討克塽降至是已百四十年矣南自瑯嶠北至蘇灣以臺澎爲中路南鳳山北嘉義彰化淡水及新闢之噶瑪蘭綿亘延袤山後凡千八百餘里設總兵綜攝師干分水陸十六營領兵

萬四千六百有奇無土著但從閩中督撫水陸提四
標漳汀建福海金六鎮標福州興化延平閩安邵武
五協計五十八營抽撥更戍渡臺後自七八百至百
數十人布散臺內外十六營以三年爲瓜期期滿臺
灣鹿港蚶江廈防四同知各配船渡新還舊是爲班
兵益臺地番民雜處漳泉粤人各分氣類動輒拏鬬
械鬬民氣浮動易生反側生番深居山社自耕而食
不與民接更性野難馴故不欲召募於本土班兵則

家在內地同營來者多不過百其至也又爲之錯雜散布立法之意誠以海外孤懸風潮洶湧往返非可以常期測有事勢難恃內地策應班兵既有兵餉仍給以贍家米石歲出臺運入穀八萬五千二百餘石可以安受訓練爲東南沿海數十郡藩籬外夷不敢窺伺成效昭然也

道光二年閩督撫以葉臺道議欲改班兵爲召募歲省內長餉米數萬且以虞偷渡游民充補其造册之擾時視總兵未能決質於姚司馬瑩爲議二篇暢論之事乃中止及葉道權閩撫面奏及此 上命與總督籌議而行會趙文恪慎畛繼節鉞得瑩議乃罷至今仍沿舊制

夷事初起臺灣時

廑
聖慮屢
諭總兵達洪阿兵備道姚瑩以夷船沿海騷擾亟宜嚴爲預備督撫亦以內地防範嚴緊且定海既失大兵雲集一經擊敗勢必竄逃臺爲歸途所經備哨巡拒擊勿任停留潛銷鴉片瑩使知縣魏瀛會廳縣營勘修礮臺復加以礮墩礮牆麻袋貯沙以衛又於郡城自小北門至小西門加築外城祁相國寯藻黃鴻臚爵滋奉使所會

者奏在籍提督王得祿洊歷海洋嘗以水師六百破海
賊蔡牽黨數萬於洲仔尾既又敗朱濆於蘇澳者以
功世襲子爵最精習海戰至是老而家居瑩請於廷
楨奏請使出襄軍事得
旨令與鎮道協力商辦夷船自上年夏已不時經臺
澎洋面西駛及鹿耳門外馬鬃隙深水外洋但徘徊
不敢進口副將江奕喜恐其竄入北路內洋則難以
制伏即乘東南風越其前鎗礮兼施夷亦還礮囘拒

遂轉帆向西南急遁追至婆丁仔洋黃昏霧大越晨
始收望之不見由是始議造巨艦倣得祿舊製建威
奠海船式以備戰得祿建議但嚴守口岸不輕與海
上決戰洪阿先緣他事與得祿有隙瑩勸兩人棄嫌
敦好兩人亦各矢公誠頓忘前怨得祿自募精兵三
百出駐澎湖以澎湖西距廈門水程七更東距臺六
更一協守之慮其單薄也督勵將弁爲臺聲援臺地
募勇安兵洪阿出郡城南路瑩赴北路至雞籠兩路

口岸親爲整理
郡城要口三曰平平大港曰四草曰
國賽港嘉義縣一曰樹苓湖彰化一
曰番仔墘即鹿耳港外口淡水廳二曰滬尾即八星
坌日大雞籠嗎瑪蘭界外一日蘇澳皆水寬深餘南
北路小口九較淺狹鹿耳原稱天險道光二年淤廢
船不能入各口共水師兵二千四百八十一屯丁二
百勇二千一百六十水勇五百二十得祿及歷縣團
練不在此數內各庄壯丁自一二百至七八百計團
練凡萬三
千餘人
相其險次測水深淺堵以船筏裝石木桶
而沉之嚴杜奸民接濟收其悍徒爲勇俾絕內顧時
班兵額缺未補者千餘就現在水師派員弁於十七
口援以機宜令於臺墩多插旗幟守口者日必三次

登陴　姚石甫觀察駁臺灣令壯勇不能登陴議曰夷匪往來臺澎無非窺探虛實見口內無人則乘虛入必多插旗幟使不測我兵多寡臺地游手每秋冬蠢動今借防夷得資生免爲敵用據外即以靖內惟夷大幫若至尚須調陸兵豈數百水師壯勇即能濟事守口之人逸樂恐其滋事故每日三次登陴使其練習今每日一次點卯對海聽其自便失召募守口本意矣又駁鳳山港毋庸設礮勇議曰據稱內修戰備毋庸外示兵威所恃者口小夷不能入耳彼非愚人豈不知更換小舟耶現奉憲檄夷匪劫商艘取漢人衣服則有坐小船冒漢人入港矣夷腿直利水不利陸登岸原足勝之今縱之使入欲誘登岸乎萬一所謀不遂徒自撤其藩籬不蹈定海覆轍乎夷大幫累至則各保團勇足以破之使登陴者得休息非徒任在戍久勞之無事以守口者爲正兵有事則出士責以破敵也

新兵以應之視敵多寡定派防人來船少則出擊多則守內港以俟大船既不可入小船則非所畏誘近礮臺殲之可以得志佈置定姚觀察瑩顏督嘗謂王提軍以鄉勇烏合恐無紀律欲分交各營操演但令僱募在口長駐防者二千六百餘人各庄團練萬三千爲數實衆若配營操恐十餘萬民兵素不相洽動即械鬭臺人好亂所以易撲者烏合也若入營教以紀律則營中所長彼且有之與日不可復制云云此通論也粵中已狃夷且堵河兵又募勇至衆日教以抬鎗弓箭及裁撤失食則羣起爲盜每言營兵不可靠而後招我輕視營兵如無物貽害至不可勝言不獨臺灣民悍難制也

至是八月十五日夷船一挾三板自雞籠杙移泊近

口之萬人堆越日黎明駛進口門對二沙灣礮臺連
發二礮壞兵房一。叅將邱鎮功守備許長明歐陽寶
發礮同擊三沙灣礮亦接放爲應鎮功突燃八千斤
巨礮中其船桅立折索紛紛斷卽隨水退出適口外
驟起潮頭撞礁船碎夷多落水鳧岸下其三板駛竄
文武官分帶兵勇駕船出生擒黑夷百有十四人格
殺者五一夷目投水死其二。駕三板偕諸夷逃別營
聞信截擊千總陳大坤在野鼻頭遇逃駛者沉其三

板殺白夷一擒黑夷二十同知曹謹在大武崙港外
殺白夷二黑夷十七擒者九十七日在草嶼殺白夷
五獲其圖册繪山海五十一員並夷書曹謹獲夷後廻至鷄籠門左烏踏山下有自刎
夷屍二一白夷戴黃金冠紅呢戰甲一黑夷似係夷
奴此屍似投水之白夷然據顛林供船上官頭一响
咲萬一吧喇吓一嚨吓嘮勢危一人跳海一人剌目
一同白黑夷駕三板走是登岸自盡者即走脫者矣
雞籠破獲夷舟奏云本年八月初一初五等日據淡
水鳳山各屬稟報北路之雞籠中港南路之小琉球
等外洋有夷船游奕當飭守口文武各員相機防守
俯進口門即開礮轟擊旋據護臺灣水師副將江奕
喜南路叅將余躍龍署鳳山縣知縣白鶴慶稟報南
洋夷船一隻將進口門見文武兵勇人多防守嚴密

亞即竄駛北去又據淡水廳營先後稟報八月十三日申刻有夷船在雞籠口外之雞籠杙洋面停泊等情又經臣等飛飭廳營會督文武委員義首人等嚴防去後茲於八月二十五日據艋舺營叅將邱鎮功淡水同知曹謹委駐雞籠協防澎湖通判范學恒委巡海口之即用知縣王廷幹稟報該夷船於十五日辰刻移泊近口之萬人堆洋面該員等用千里鏡照見一雙桅大號夷船拖帶三板多隻有夷人在桅頂張望十六日卯刻該夷船駛進口門對二沙灣礮臺連發兩礮打壞兵房一間我兵尚無損傷該叅將邱鎮功督率調防雞籠之署噶瑪蘭守備許長明署艋舺守備歐陽寶等在二沙灣將安防大礮緊對夷船轟擊曹謹范學恒王廷幹督同艋舺縣丞宓惟康在三沙灣礮墩亦放礮接應邱鎮功幷手放一礮惟八千觔六千觔大礮有準立見夷船桅折索斷船即隨水退出口外海湧驟起冲礁擊碎夷人紛紛落水死

者不計其數或鳧水上岸或上三板駛竄邱鎮功督同署守備許長明歐陽寶署千總陳連春外委尤登和帶兵駕船趕往生擒黑夷四十三人又割取格殺黑夷首級四顆該令王廷幹遣派家丁隨同縣丞忞惟慷亦駕快船帶領屯丁鄉勇出洋生擒黑夷三十一人總理謝集成董事吳助友及屯弁義首人等生擒黑夷二十五人割取首級一顆該同知曹謹之親屬郝芝帶領家丁生擒黑夷五人督臣差委來臺之候補從九周晉昭亦經趕到幫同出力當該船擊碎時見一白夷自行投水是否頭目打撈無獲其時有署艋舺營滬尾守備臺協千總陳大坤同委員德化縣典史陶榮在滬尾防守聞信駛駕巡船截擊在野柳鼻頭洋面見夷人數十駕三板一隻向南逃駛該署守備等揮令兵勇開礮將其三板擊沉夷人落海該署守備帶同親丁陳功陳經邦義首林得方等割取白夷一人首級生擒黑夷十八人委員陶榮生擒

黑夷二人金包里汛外委林光章目兵何得和兵丁李起鳳等皆一同出力又據該同知曹謹通判范學恒恭將邱鎮功署北路右營遊擊安定邦先後稟報十六日晚有白夷帶領黑夷二十餘人駕三板一隻在大武崙港外竄駛該廳遣派役勇坐船追尋十七日早在觀音山追及互相格鬬該署游擊督帶兵丁截擊當經官兵役勇刺死白夷二人落水生擒黑夷九人殺斃黑夷十七人奪獲夷礮四門兵丁謝提陞同鄉勇二人均各受傷謝提陞傷重旋即殞命十九二十三等日署守備許長明縣丞宓惟慷在海濱撈獲白夷屍身二具查驗一穿紅呢戰甲胸前刺有八卦形一係尋常夷服胸前刺蓮花形左右臂腕左右腿或刺人形或刺蓮花鳥形獅形又撈獲夷礮五門重七八九百觔不等大小礮子數十粒鐵礮一門大鐵鈎一箇署千總陳連春撈獲大夷礮一門重二千觔大鐵子一粒棕毯二個礮水火藥不計觔重又該

同知曹謹通判范學恒遣派義首帶領壯勇及宓縣
丞丁役人等十七日駕船搜捕至外洋草嶼有白夷
二人紅夷二人攜帶圖冊在彼藏匿經役勇等上前
圍拏該夷俱被格殺割取首級帶回搜獲夷圖一幅
中繪山海形勢冊頁五十一篇夷書二本又夷字時
十紙其夷書內亦繪有城池人物車馬形狀等語
廈門外援已失臺中形勢益孤危民間驚惶謡言一
日數起迨撤還巡洋兵船塞鹿耳國賽三艘身專防
要隘請帑三十萬資軍需人心始定洪阿瑩均
賞花翎九月初五日三桅紅旗夷船泊雞籠口外忽
換白旗駛近萬人堆放三板二進口願以銀每名百

員牘還俘夷無答者流連數日十三日辰刻大船突入直撲二沙灣臺礮發猛烈破我臺石兵房其地三面環山形勢頗峻有險可憑守備許長明率外委伍雲升先裝礮伏三沙灣之鼻頭山伺擊之斃夷二退守衛監義首壯勇齊至助戰夷船之在龜頭洋者亦遥放巨礮爲彼聲援而不敢入越日夷見兵勇驟增人叢山險仰攻不利日半遽出口去會南北兩路土匪乘機竊發郡兵存者無多内地方處處設防未便

請渡添兵壯來助鎮道就以民勇選補班兵之缺鼓
率兵將尅期撲滅內逆一時剿辦淨盡先後奏
聞以功並給世職洪阿騎都尉瑩與知府熊一本並
雲騎尉在事出力文武員弁同得優獎有
旨集訊夷俘因知嘆咭唎攻廈門後分其船二十餘
北抵浙江別派啊吠萬率顛林等駛其三桅船三同
赴臺洋伺便窺臺郡開行後二船者不知何地阻風
停泊未得聯綜而一船先至闖入被擊也其再擾定

海之船亦同以是月出當英夷之候處分於粵也定海尚留船盤據不肯遂歸我地伊里布示諭居民謂夷人無向定民擾累即不得復行查拏幷據夷書以現在夷已起椗十四船赴粵移慰巡撫葢未深知夷之詭詐以爲從此馴服直信不疑然當時巡撫劉韻珂則偵探留定諸夷方築礮臺開河道穿鑿城中踞住岑港沈家門兩處民房搶奪淫辱如故又僞示招居民接濟種種情尚可疑奏謂定海爲通洋適中南

閩廣北江魯直隸並可揚帆分駛忽南忽北難保其不勾引漁盜爲羽翼浙爲財賦淵藪甯波定海又浙中精華在定海者必覬覦甯波請乘市地未定早爲杜絶因綜舉八端之不便者曰地利曰物産曰勾結曰烟禁曰關税曰防費曰國體曰民心反覆縷陳固逆知夷情之必不能决捨定海以去不可謂非失幾之燭也 浙撫劉奏云竊滋弊不可不决防患不可不嚴籌國家之大計不可使顧目前馭化外之夷情不可稍疎事後臣查夷船停泊定海者百二十餘隻空城亦未獻還如果真心赴粵既蒙 恩准

查辦自應率類備徉何以分頭戀踞恐該夷有欲在定海通商之意自不得不近慮遠圖乘此粵議未定之時據陳弊患吁乞
聖裁一在地利查粵東海門向係各夷互市之區止准停泊虎門側不容其進口廣州城外駐札重兵虎門俱設礮位故夷人有深畏虎門礮臺之說不敢輕犯是廣東海口既可守禦環諸山護衛形勢控制防範綦嚴至定海孤懸海外並無咽喉險要附以控扼其西北直達定海之鎮海象山奉化石浦及紹興之餘姚再西則達台州之甯海黃岩溫州之玉環瑞安華清等處正北則直達杭州海甯錢塘又北則達嘉興之平湖海鹽乍浦各城俱與江蘇之崇明上海通州等處一潮可達綿亘二千餘里大小海口數十處並與紹興一石塘及江口河道可通若英夷在此通商地勢散漫一無鈐束即極力稽查亦斷難周密且馬頭既立該夷一盤踞日久恐於沿河形勢探訪熟悉不可不防其漸一也一在物

產查浙江通省皆產稻穀杭嘉湖產蠶絲溫處二府又產純鐵嚴金衢溫台寧紹各府則又皆產茶葉鐵斤例禁出洋蠶絲茶葉爲夷人所重至茶葉則夷人更以之爲命是中國之所以能制外夷外夷之受制於中國者在此若英夷在定海通商稻穀鐵絲既可就近謀取而各處茶葉更必潛收不特耗內地之貨財弛該夷之忌憚且恐其居奇轉售他國獲價倍蓰適足以遂其貪而益其富三也一在勾結查英夷自佔踞定海縣城其定民之殷實有力者先已航海逃避其貧甚無依者不能不困守故巢現聞該夷有在城中與當衣被散給老幼之事要結伎倆已有明徵浙江沿海半係捕魚煮海爲生既無恒產卻少恒心若該夷在定海通商陰施小惠恐無衣食之徒即甘心爲其役使而乍浦海口又通近杭嘉湖及蘇松等府糧船水手多係無業游民桀驁性成亦難保不爲夷人以利煽惑且粤閩洋面爲海盜淵藪定海一帆可

通更恐其串結爲害三也一在烟禁鴉片來源實在
廣東自上年嚴定例條懲辦漸有成效該夷因廣東
斷其烟利故來浙滋擾欲求通商假售貨以售烟現
聞該夷在定海城内開設舖面所售者未必即無禁
物遂行查禁深恐另生枝節有礙廣東查辦若該夷
在定海通商與閩廣江蘇山東直隸往來甚便勢必
潛謀分售暢遂欲壑聽之則流毒滋擾禁之則陽奉
陰違詭計彌縫時得藉口不能相安四也一在關稅
查甯波浙海關歲徵稅銀七萬九千餘兩乍浦温州
各小口均附於甯波正口投銷其稅銀俱由閩廣山
東天津來浙商船及本省商漁船徵收定海爲各船
隻出入必由之路自英夷佔踞定海各船裹足不前
現聞該夷已有在定海强取免稅之事若莊在此通
商商船勢必畏葸不來奸詐商漁必依附偷漏是廣
東之税既少而浙關之税又缺五也一在防費查英
夷自奪定城數月浙省防費已屬不貲即閩粵江蘇

山東直隸各有防堵亦不無糜費縱准其將來在粵貿易沿海口岸尚擇要防守若在定海通商居適中之岸面各省防範更宜倍加嚴密防夷於粵與浙其難易迥不相同且日久土盜漁船設爲該夷之用匪處可到不特海防宜設即江防河防亦俱難弛則費愈繁亦愈鉅六也一在國體夷人既不欲在粵東貿易已屬自外生成乃因通商而先佔定海而又求通商恐其擇立馬頭七也一在民心查浙省兵丁曠力遜於閩粵而民心之懦更甚即如英夷佔踞定海居民紛紛逃避甯波府城迫前量撤防鎮海居民又聯名具禀嘵嘵懇留粵省查辦未定而民心驚惶已難言狀若准該夷在此通商且恐驚惶者不止甯波一府鎮定兩邑之民終無歸家安業之日八也種種弊患關係匪輕惟求 聖恩諭令廣東欽差大臣琦善計出萬全必不可准在定海通商 江西巡撫錢寶則夷奸可破而海疆可期漸安矣

琛亦於病中致伊里布書謂夷築定海礮臺志在安居今攻剿之策徒若捕風兵苦久役潰散可慮商漁失食盜賊將作浙之溫臺江之徐壽民皆獷猂前調兵海濱城守空虛尤易竊發若仍一味遷延要害爲夷所守奸民爲夷所用欲水陸夾攻其道無由必自作主裁而後可伊里布不省事機已失嵇謙素重則徐爲人既代來浙意中將倚爲左右手定海初收復安內防外改修建置事出草創壽春鎮總兵王錫朋

處州鎮鄭國鴻定海鎮葛雲飛以兵五千駐爲雲飛嘗練親兵六百最強勇明紀律可驅以用甯波城則別以兵四千鎮之城與定海鎮海並峙一洋修築城臺招集流亡亦日不暇給未幾而則徐遣戍旋改赴河工謙失謀主已懷惆悵提督余步雲又謙所素輕鄙者但令其駐防招寶山一時孤掌自鳴無臂指腹心之助不得不專任候補知府黃冕知縣舒恭壽時議增築外城定海形勢三面皆山而一面臨海雲飛

欲盡圍濱海市埠收歸城中左右袤延至山麓其三面則但依山爲城謙方駐甯城據圖説從其請矣諍之者曰賊踰山入跬步即在城内且城分則備多而力絀我兵登陟山嶺未戰先勞不如捨近水市埠但加築内城爲新郭庶受攻可守實爲當前至計旣而撓於衆議竟不果築謙曾大父勇烈公乾隆中開西域有大勳故自受任軍旅每念系出將門毅然以剿平醜逆爲己責至則購重賞號召沿海漁蛋蜑嶼窮

民同心殺賊禁斷接濟招復漢奸之爲夷用者許以自新而責其後效諄諭閭閻毋遽遷徙聞夷將出粵犯浙馳文詰粵督謂通商既由粵代請盍向其詢敷折其桀驁何至恣彼飄忽貽禍鄰疆義正詞嚴粵中大吏終無以答又訪求上年擒解夷官晏士打喇打哩之義民包坦等親爲鼓勵優加獎賚蓋自伊里布停兵不戰夷得以羣遊無忌民間雖抱公憤已畏不敢前至是騣形踴躍有糾集多人故假就買烟土遝

泊夷舟或作捕魚潛伏山陬島澳百端設法誘擒夷黨諳官報受賞者由是兵勇亦思愧奮咸知用命夷船先犯石浦礁險失利遠遊奕外洋八月十一日忽內駛樸岸爲我兵擊退夷合二十九船横截定鎮洋面風潮陡漲鎮遠外水深四五尺裝帆起椗將乘巨浸來攻官兵礮火並移高阜不動風轉西北潮亦退落夷轉帆遂向定海十三日午刻駛至十三船停泊竹山門外先以三桅船一火輪二進雲飛擊斷其大

椗即退十四日連帆逼攻曉峯嶺我兵伏山後夷下三板渡而登國鴻擊殺夷兵無算傍晚繞至縣南孤懸之五奎山越日就山上支搭房帳我兵排立土城遙擊斃夷十數又越日改從吉祥門駛入攻東港浦畏我礮火密前且却旋再攻曉峯嶺及竹山沿又斃其登岸夷衆十七日甫四鼓即駛火輪船衝入力攻雲飛手燃巨礮中其船上藥櫃頃刻烘烈船自焚盡已刻一由五奎山一由港東浦一由曉峯嶺三路分

至錫朋首當其鋒夷冒死直前我兵前隊傷亡後隊繼進夷屢却復集攻曉峯者甫上嶺即自撤其舟絕反顧會我兵鎗礮紅透不復可裝藥延至未刻夷三四千分路驅漢奸駕筏續進亦捨筏登山兇猛有加勢難抵禦縣城尋失三鎮同時陣亡錫朋礮斷一腿死國鴻在竹山鬉飛在東岳官死恭壽嬰城守傷於火箭飲毒自殞將備弁兵苦戰迄六晝夜筋疲力盡多死者自援仗連日風逆浪險夷船梗阻難以東渡策應謙在鎮海督步雲

守禦自失城存俱存招集內渡散軍亟調江甯駐防兵八百壽春鎮千徐州鎮三百又改調原發福建之江西兵二千尅期圖克復然焦勞盼望皆未至時鎮海防兵僅四千謙自統千餘駐守城內外步雲所率亦千餘仍守招寶山及沿江礮臺總兵謝朝恩則率千餘出守甬江之金雞嶺數皆不及千五百人謙知兵力難敵賊急又不獲從容布置則誓死報國倉皇拜摺言黑夷漢奸不下萬人合綜來犯而我兵必處

處分守夷可數日不攻而我兵刻難弛懈夷乘風潮
至前船退勢自與後船相撞擊故以有進無退爲利
當茲艱鉅計惟有竭盡血誠獎勵士卒不敢以兵單
而退離鎮海一步不敢借保民而受逆夷片紙益事
勢已洞悉胸中久矣奏發即召步雲盟神誓師步雲
見謙死守志確難以婉勸已心惡之及行禮託足疾
不跪軍機訊步雲供奏云據裕謙家人佘升以步雲心懷兩端謙督戰城上步雲欲暫事羈縻有是日嫁女一家三十餘口可憐語步雲則供聞定海接仗聞商之謀謙以鎮海止有兵三千不能往救又謙

言守兵單弱步雲荅以早應奏添謙云爾係提督爾也可奏是日並無嫁女事質之余升稱得自伸豐太而豐太亦稱止聽聞謙爾也可奏語因步雲退守意當時必係商退守事故牽連述及耳又冠海記謙先期見招寶山建白旗知步雲貳志乃盟神誓衆訊案無此節未敗而先竪旗未免駭衆然無論有無已先懷貳矣

二十六日夷船分犯金雞招寶二山隊各數千人謙上城督戰自辰及午金雞山兵奮力下擊斃夷數百步雲不令兵開礮夷甫至山麓攀援欲登步雲遽棄礮臺走謙揮城上兵燃礮截而止之下者稍却卒繞轉山後紛紛隨步雲潰散夷登據招寶山俯攻

鎮海城守金雞山者朝恩協守者晃而分守淡港則
朝恩子榮光也謙以淡港去海近守兵尚薄且沿海
路歧處處可登與其分路迎敵不如握要合擊使晃
持令傳知朝恩撤淡港鄉勇移沙蠏嶺與官兵合無
論夷由何路上皆可從半山下壓擊之移定夷果分
道進攻由淡港登岸者繞出山後環擊沙蠏嶺朝恩
力竭陣亡謙是日將臨陣先出所佩關防付副將伸
豐太令賚赴浙江浙撫劉奏云都司珠隆阿賚繳到省而軍機訊步雲供奏則云豐太

保護各印至浙當同時受命也及是見大勢已去諸學望北闕叩首跳沈泮池殉節爲從兵撈起已昏不知人亟擡之出城舁至寧波府署而後徐爲易濕衣灌救僅存微息寧波亦危在旦夕不敢稍停復舁至餘姚縣去城五里氣絕殮訖杭州時八月二十八日無子遺言以弟一等誠勇公裕恒子德峻承祧二十九日夷船八火輪船二挾三板三四十直駛薄寧波城東北量水進泊靈橋門城磡先已分運定鎮兩城連陷守禦空虛人心惶懼寧郡六門臨江者三

夷礮夾火箭飛鑽兇烈隨發隨擁而登步雲開門拒殺數夷被拒者繞至西門其攻東門者爲將士周士德李宗白併力拒退民舍爲飛礮延燒男婦擠擁出南門步雲適至獲漢奸二而夷已攻破靈橋門且至提督署步雲賊殺夷放鎗不及奔入巷步雲騎爲彈擊倒壓傷右足不復搏戰遽易馬出城直奔上虞甯紹台道鹿澤長知府鄧廷彩亦從以去（劉奏云據澤長稟自鎮海陷後投水爲兵勇撈起小舟送至慈溪甦醒帶傷至上虞招集潰散欲至甯郡守禦隨據廷彩家人稟知

甯波已失廷彩跳入西門河爲船戶撈救送縣城羗湯灌救稍有微息甯郡既陷浙江又失一重屏翰所屬奉化象山皆被隔絕雖府境迤西河道悉淺窄夷船不能深入而漢奸誘其探水遞進則小舟可隨地繞達慈溪逼近夷氛居人一時遷避百室皆空慈以內之餘姚上虞會稽山陰蕭山諸縣亦紛紛逃徙土盜因以四起夷方以所得定海令鎮海丞二印多製漢衣令漢奸所至煽誘於是浙以西大震動巡撫劉韻珂思握要守禦保衛紹興斷其

長驅內犯省城之路以曹娥一江下可以顧餘姚上顧慈溪上可以保紹郡而所調壽春江西湖北兵仍未至遂截留先調之江甯旗兵駐爲仁和鄭祖琛方以福建藩司在籍祖琛後官廣西巡撫以逆匪被戮成爲舉人祖球之弟祖球詞章爲浙中知名是時已先死謙知其小心慎重奏以原官赴軍營追抵鎮海而城已陷折還杭州韻珂乃令諸提曹娥江祖琛亦以桑梓難亟不辭與澤長及衢州總兵李廷揚各以所招散兵往臬司蔣文肅亦出駐紹郡爲之

聲援而省城則實力清查募勇團練至二萬以固根本仁和令張印塘之力爲多當謙死時步雲自知畏死罪重欲以先走歸之謙謂猶足掩飾也爰以謙卒江南將備兵丁星夜退走衢處二鎮兵亦借護送爲名不復嬰城固守謊詞入

告適韻珂亦舉謙屬官受遺齎印及餘姚死狀殮送江甯事一切詳縷以

聞

上惻悼

褒忠賜卹典禮隆厚臣節昭彰海內咸聞而隕涕步雲身爲本省提督徒擁重兵不能赴定海之難又不能固守郡城鎮海失則退入甯波甯波失則退入上虞率先奔潰將弁效尤其他節次遇賊聞風即潰者推原未嘗不由於此乃厚誣忠義以自掩其迹又親駐曹娥江遇渡江難民瑣尾流離萬喙怨咨時輒招與語以謙夏問不合梟斬白夷嗢嘿致夷船此來特

尋其報復欲使百姓怨有所歸殊不知夷欲未厭故爲易帥敗盟而粵不可再擾所最易犯者定海安得不仍其故智不然乍浦之犯江南之擾所梟何俘所報又何仇哉武夫狡詐一至於此適以增其罪狀而已[夷寇一役提鎮大員皆死疆場朝廷無不賜䘏賜襲廕生者獨一步雲平日本有風將名而必正典刑者亦惟此]九月初旬夷果以輪船挈小艇入犯餘姚城兵少民逃無拒守者所至焚掠而去其後再入肆掠凡五六日退入慈溪飽掠旋還甬郡別夷駛入上虞

之斗門窺探退泊城外十一月十一日至十七八日事入餘姚在十五日入上虞在十七日又越五六日至奉化以雲梯登城開門而逸十一月二十六日事凡三縣倉庫均拆毀餘姚亂民於賊退後拒地方官不使進剿致縣內奸民藉以肆掠官以夷在近不復能兼顧又慮激變因遂忍之夷之在浙不畏寒雪反取以爲食每晨必以冷水澆其身林公前以爲避冷不敢過冬原屬揣測之詞耳夷所在蹂躪地方官令民間集貲權設蓆棚挨戶支更城辰啟酉閉民日延頸以待大將軍至

夷氛聞記卷三終

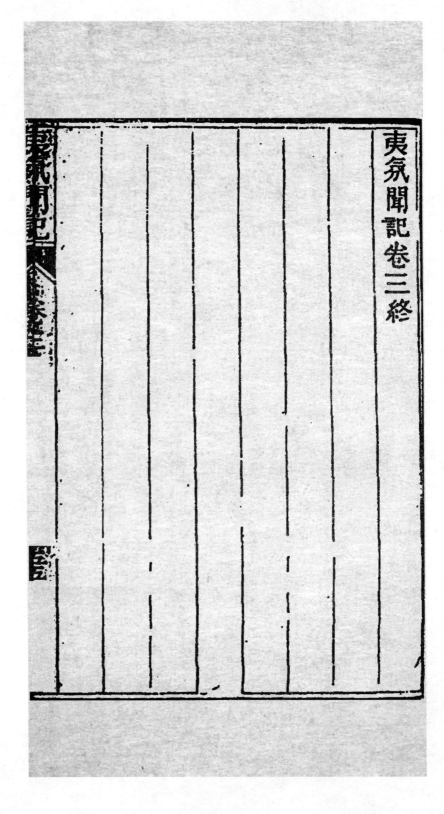